RUDOLF STEINER GESAMTAUSGABE

WANDTAFELZEICHNUNGEN ZUM VORTRAGSWERK

XXI

Rudolf Steiner

Wandtafelzeichnungen zum Vortragswerk

Band XXI

42 Tafeln zu Vorträgen aus den Jahren 1919, 1921/22, 1923 und 1924:

Die Erziehungsfrage als soziale Frage (GA 296)

Die gesunde Entwickelung des Menschenwesens (GA 303)

Erziehungs- und Unterrichtsmethoden
auf anthroposophischer Grundlage (GA 304)

Die pädagogische Praxis vom Gesichtspunkte
geisteswissenschaftlicher Menschenerkenntnis (GA 306)

Die Kunst des Erziehens
aus dem Erfassen der Menschenwesenheit (GA 311)

Vorträge über Pädagogik (keine Nachschriften vorhanden)

RUDOLF STEINER VERLAG   DORNACH/SCHWEIZ

Herausgegeben von der Rudolf Steiner-Nachlaßverwaltung, Dornach/Schweiz

Verkleinerte Wiedergaben nach den Originalzeichnungen Rudolf Steiners
Blattgröße ca. 100 x 150 cm

1. Auflage, Gesamtausgabe Dornach 1990

Bibliographie-Nr. K 58/21

Alle Rechte bei der Rudolf Steiner-Nachlaßverwaltung, Dornach/Schweiz
© 1990 by Rudolf Steiner-Nachlaßverwaltung, Dornach/Schweiz
Farbaufnahmen: Photo Hoffmann, Basel. – Lithos: Rete GmbH, Freiburg i.Br.
Printed in Germany by Kooperative Dürnau, Dürnau

ISBN 3-7274-4100-3 (Reihe)   ISBN 3-7274-4121-6 (Band XXI)

Inhalt

Tafeln zu GA 296
Die Erziehungsfrage als soziale Frage
Sechs Vorträge, gehalten in Dornach
vom 9. bis 17. August 1919

	Seite		Seite
Tafel 1 9. August 1919	11	Tafel 4 15. August 1919	16
Tafel 2 10. August 1919	13	Tafel 5 " " "	17
Tafel 3 11. August 1919	15		

Tafeln zu GA 303
Die gesunde Entwickelung des Menschenwesens
Sechzehn Vorträge, gehalten in Dornach
vom 23. Dezember 1921 bis 7. Januar 1922

	Seite		Seite
Tafel 1 24. Dezember 1921	21	Tafel 7 1. Januar 1922	33
Tafel 2 26. Dezember 1921	23	Tafel 8 2. Januar 1922	35
Tafel 3 28. Dezember 1921	24	Tafel 9 3. Januar 1922	37
Tafel 3a " " "	25	Tafel 10 5. Januar 1922	38
Tafel 4 29. Dezember 1921	27	Tafel 10a " " "	39
Tafel 5 30. Dezember 1921	29	Tafel 11 7. Januar 1922	40
Tafel 6 31. Dezember 1921	31	Tafel 11a " " "	41

Tafeln zu GA 304
Erziehungs- und Unterrichtsmethoden auf anthroposophischer Grundlage
Neun Vorträge in verschiedenen Städten zwischen
dem 23. Februar 1921 und 16. September 1922

Seite	Seite
Tafel 1 Dornach, 26. Sept. 1921 44	Tafel 2 Dornach, 26. Sept. 1921 45

Tafeln zu GA 306
Die pädagogische Praxis vom Gesichtspunkte geisteswissenschaftlicher Menschenerkenntnis
Acht Vorträge, gehalten in Dornach
vom 15. bis 22. April 1923

	Seite		Seite
Tafel 1 15. April 1923	49	Tafel 7 18. April 1923	55
Tafel 2 16. April 1923	50	Tafel 8 19. April 1923	56
Tafel 3 " " "	51	Tafel 9 " " "	57
Tafel 4 17. April 1923	52	Tafel 10 20. April 1923	58
Tafel 5 (entfällt)	53	Tafel 11 " " "	59
Tafel 6 18. April 1923	54	Tafel 12 21. April 1923	61

Tafeln zu GA 311
Die Kunst des Erziehens aus dem Erfassen der Menschenwesenheit
Sieben Vorträge, gehalten in Torquay
vom 12. bis 19. August 1924

	Seite		Seite
Tafel 1 13. August 1924	65	Tafel 5 16. August 1924	71
Tafel 2 14. August 1924	67	Tafel 6 18. August 1924	73
Tafel 3 15. August 1924	68	Tafel 7 20. August 1924	74
Tafel 4 " " "	69	Tafel 8 " " "	75

Tafeln zu
Vorträgen über Pädagogik in Dornach (ohne Nachschriften)

	Seite		Seite
Tafel 1 16. (?) Sept. 1922	78	Tafel 2 17. Sept. 1922	79

Übersicht
über die geplanten Bände der Wandtafelzeichnungen Rudolf Steiners . . . 80

Zu den Wandtafelzeichnungen Rudolf Steiners

In vielen seiner Vorträge pflegte Rudolf Steiner während des Sprechens an die Tafel zu zeichnen oder zu schreiben, entweder um einen Begriff, einen Namen, eine Jahreszahl hervorzuheben, oder um einen komplexen Sachverhalt anhand eines Schemas aufzuschlüsseln oder auch nur, um einen Gedanken wie durch eine Geste zu beleben. Häufig wurden zunächst einfach angelegte Skizzen oder Schemata im Laufe des Vortrages immer weiter ausgestaltet, so daß schließlich, wie es von einigen Zuhörern überliefert wurde, ein imaginativ farbig-fließendes Gesamtbild entstand, das als die Umwandlung des gesprochenen Wortes in ein unmittelbar bildhaft anschauliches Element erlebt werden konnte.

Es ist der Initiative einer Zuhörerin zu verdanken, daß im Herbst 1919 in Dornach damit begonnen wurde, regelmäßig – in einigen wenigen Fällen war dies auch schon vorher geschehen – die Wandtafeln mit schwarzem Papier zu bespannen. Vielfach standen Rudolf Steiner zwei oder gar drei solchermaßen vorbereitete Tafeln zur Verfügung. Im Anschluß an einen Vortrag wurden die in weißer oder farbiger Kreide ausgeführten Zeichnungen auf dem Papier fixiert, datiert und aufbewahrt. Auf diese Weise sind etwa 1100 «Tafeln», vorwiegend von in Dornach gehaltenen Vorträgen und Kursen, erhalten geblieben.

Angesichts dessen, daß die Tafelzeichnungen vor mehr als einem halben Jahrhundert entstanden sind, ist ihr gegenwärtiger Zustand noch überraschend gut. Jedoch auf Dauer werden sie nicht zu erhalten sein, denn trotz sorgfältiger Aufbewahrung sind durch Klimaeinflüsse und den Alterungsprozeß bedingte Schäden wie etwa das Abbröckeln der Kreide und der allmähliche Zerfall des stark holzhaltigen Papieres nicht zu verhindern. Hieraus ergab sich für die Rudolf Steiner-Nachlaßverwaltung die Notwendigkeit, den Bestand der «Tafeln» zunächst in Form fotografischer Reproduktionen für die Zukunft zu sichern.

Aufgrund des besonderen Stellenwertes der Tafelzeichnungen im Zusammenhang mit den Vortragsinhalten und auch aufgrund des zunehmenden Interesses der Leserschaft an den Originaltafeln, hat man sich in einem nächsten Schritt entschlossen, sämtliche vorhandenen Tafeln in einer eigens hierfür geschaffenen Edition im Rahmen der «Rudolf Steiner Gesamtausgabe» zu publizieren. Die auf 28 Bände veranlagte Reihe (siehe die Übersicht am Schluß dieser Ausgabe) ist damit zugleich eine wesentliche Ergänzung und Bereicherung der in der Gesamtausgabe veröffentlichten Vorträge, bei denen (seit 1988) durch Randvermerke auf die jeweiligen Tafeln verwiesen wird.

Eine ausführliche Darstellung über den werkgeschichtlichen Zusammenhang der Tafelzeichnungen, insbesondere über die Gründe, die in der Vergangenheit zu verschiedenen Formen der Einbeziehung der Tafelzeichnungen in den gedruckten Vortragstext führten, sowie die hiermit verbundenen Probleme entnehme man der Schriftenreihe «Beiträge zur Rudolf Steiner Gesamtausgabe» Heft Nr. 103, Dornach, Michaeli 1989.

5 Tafeln zu:

Die Erziehungsfrage als soziale Frage

Die spirituellen, kulturgeschichtlichen
und sozialen Hintergründe
der Waldorfschul-Pädagogik

Sechs Vorträge, gehalten in Dornach
vom 9. bis 17. August 1919

Rudolf Steiner Gesamtausgabe Bibliographie-Nr. 296

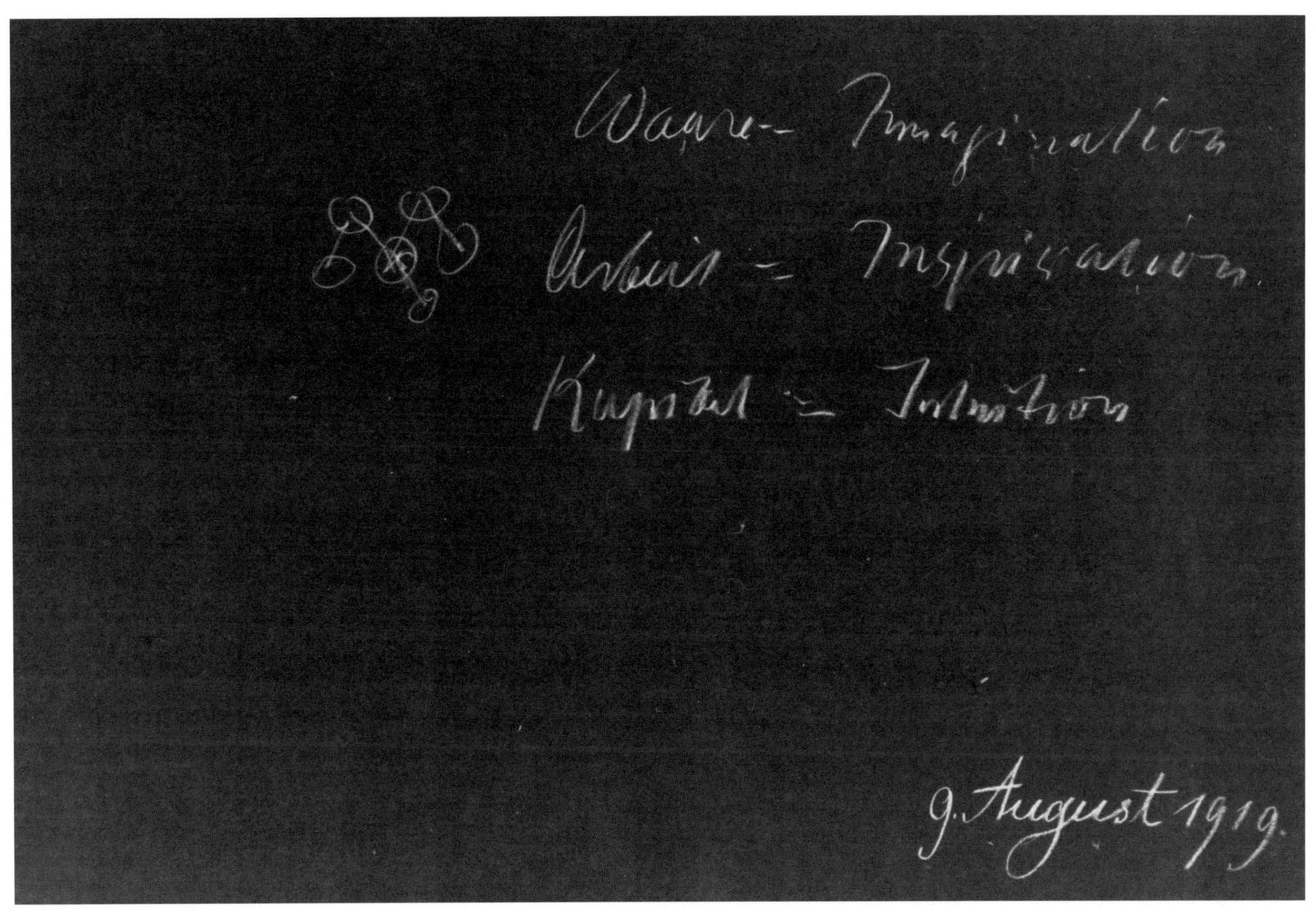

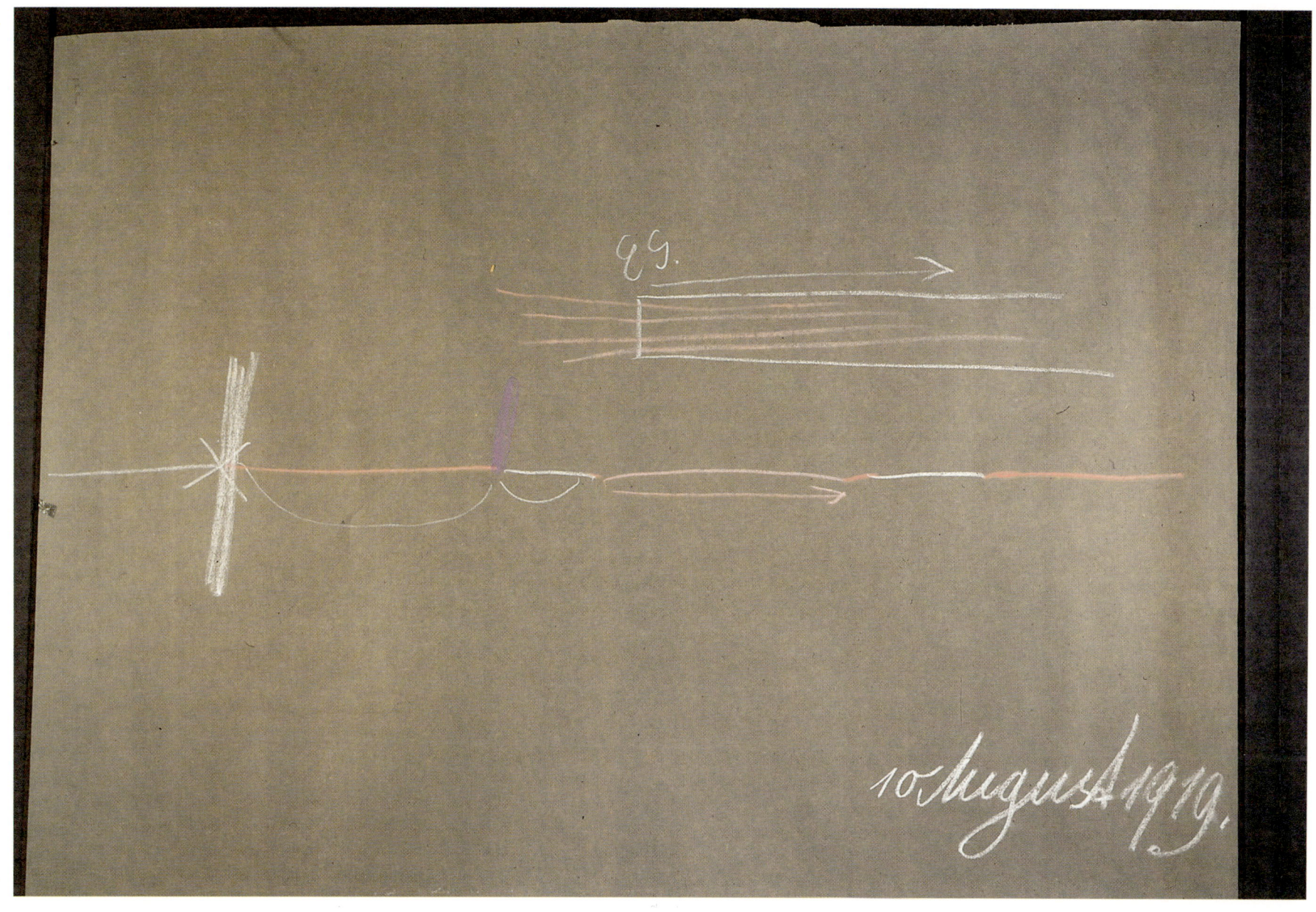

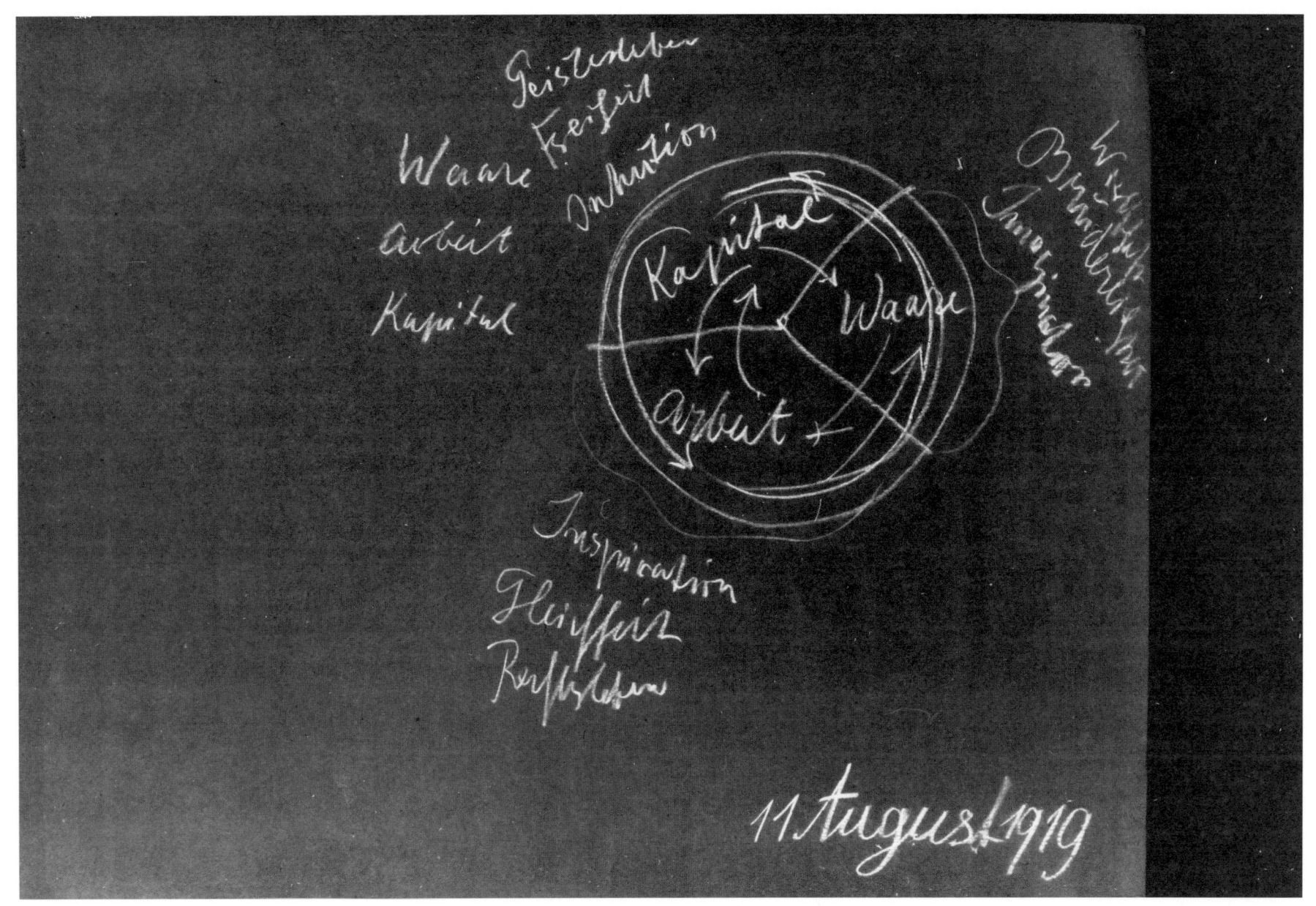

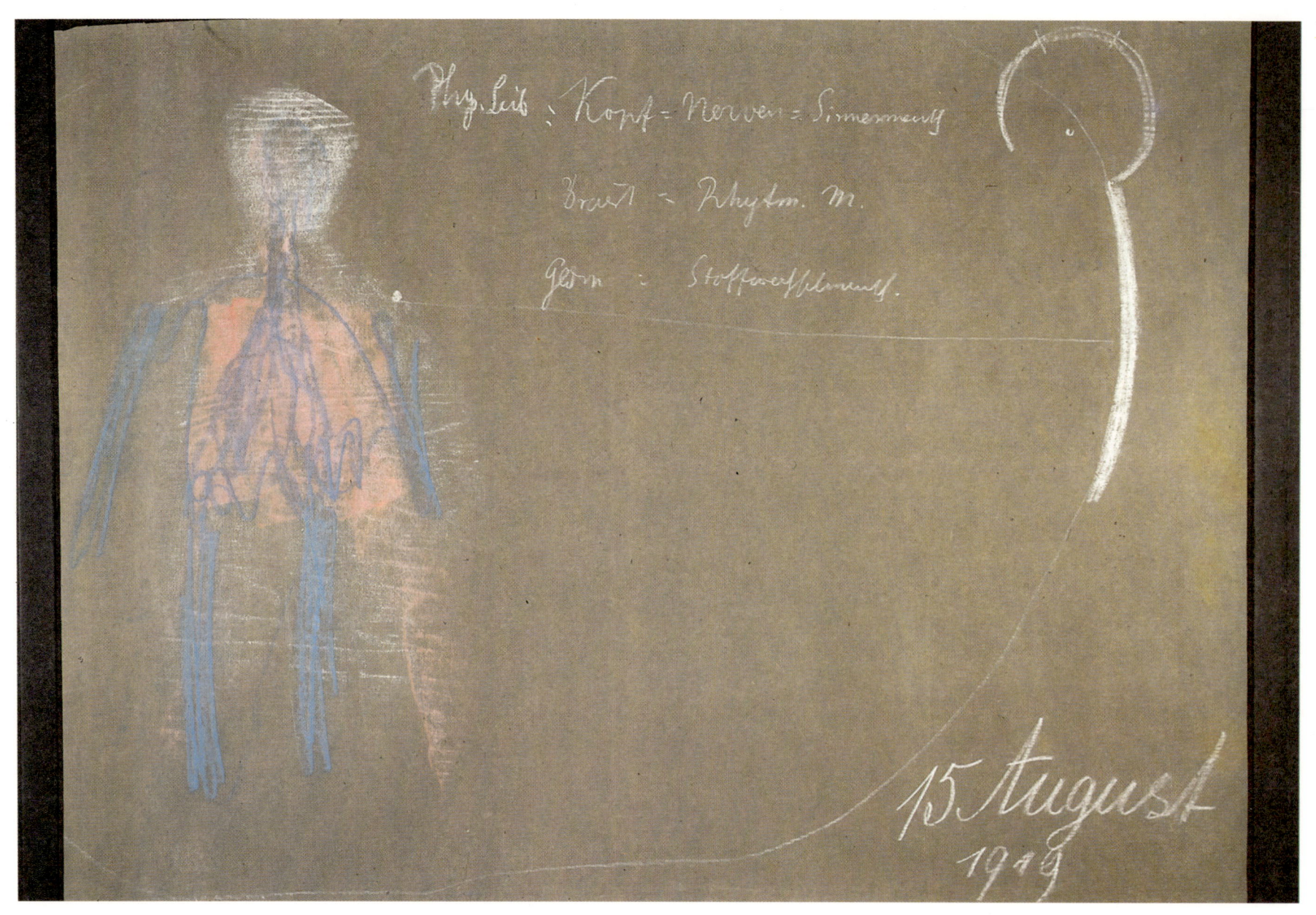

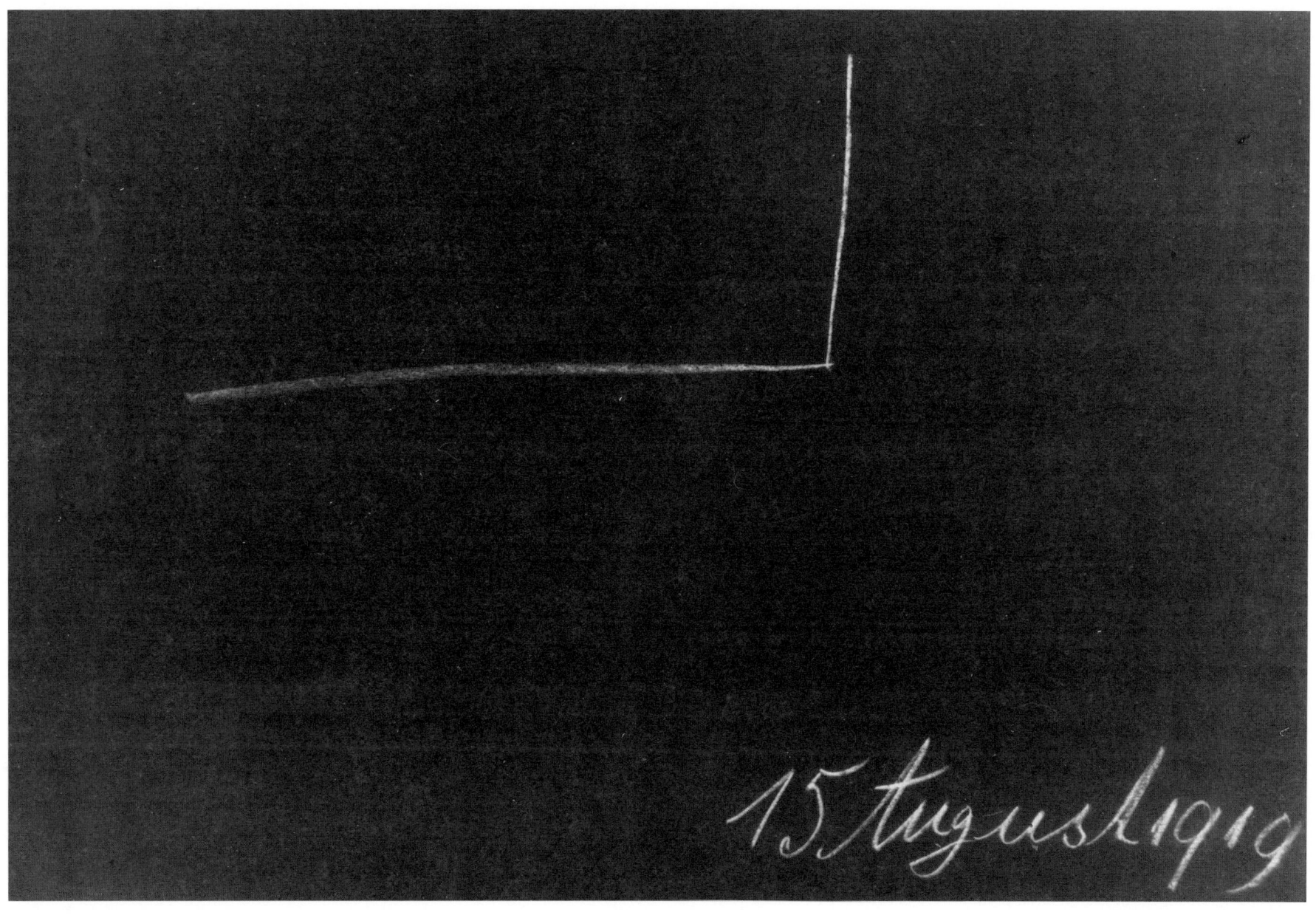

14 Tafeln zu:

Die gesunde Entwickelung des Menschenwesens

Eine Einführung in die anthroposophische Pädagogik und Didaktik

Weihnachtskurs für Lehrer, gehalten in Dornach
vom 23. Dezember 1921 bis 7. Januar 1922

Anmerkung: Infolge der großen Teilnehmerzahl wurden die Vorträge dieses Kurses jeweils am gleichen Tag wiederholt. Stenographisch festgehalten wurden nur die Wiederholungsstunden, von denen auch sämtliche Tafeln vorliegen. Von den nicht aufgezeichneten Parallelvorträgen sind nur einige Tafeln erhalten, die nachfolgend mit dem Vermerk «Zum Parallelvortrag» ebenfalls wiedergegeben werden (Tafeln 3a, 10a und 11a).

Rudolf Steiner Gesamtausgabe Bibliographie-Nr. 303

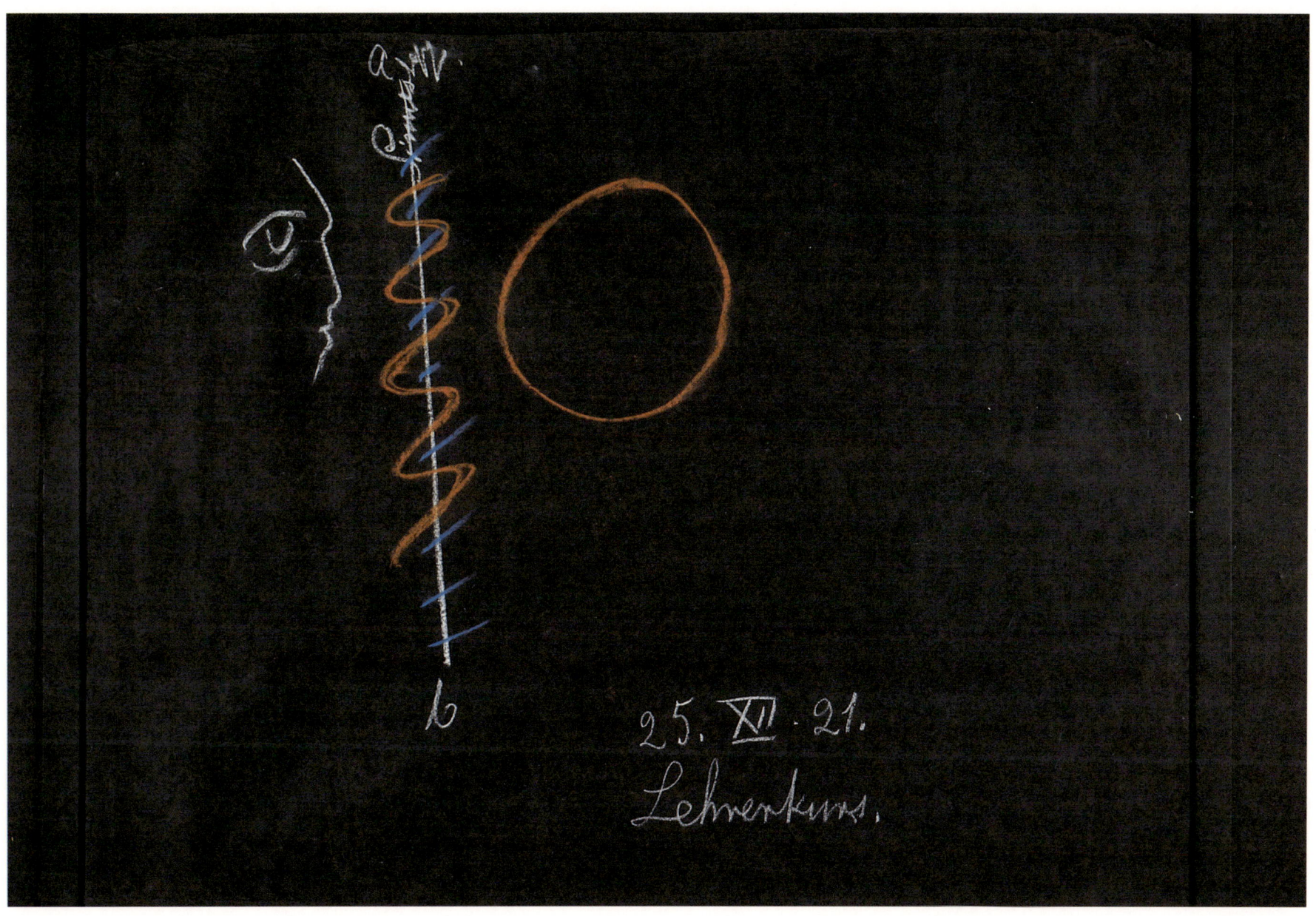

GA 303 TAFEL 2 (Auf der Tafel falsch datiert) DORNACH, 26. DEZEMBER 1921

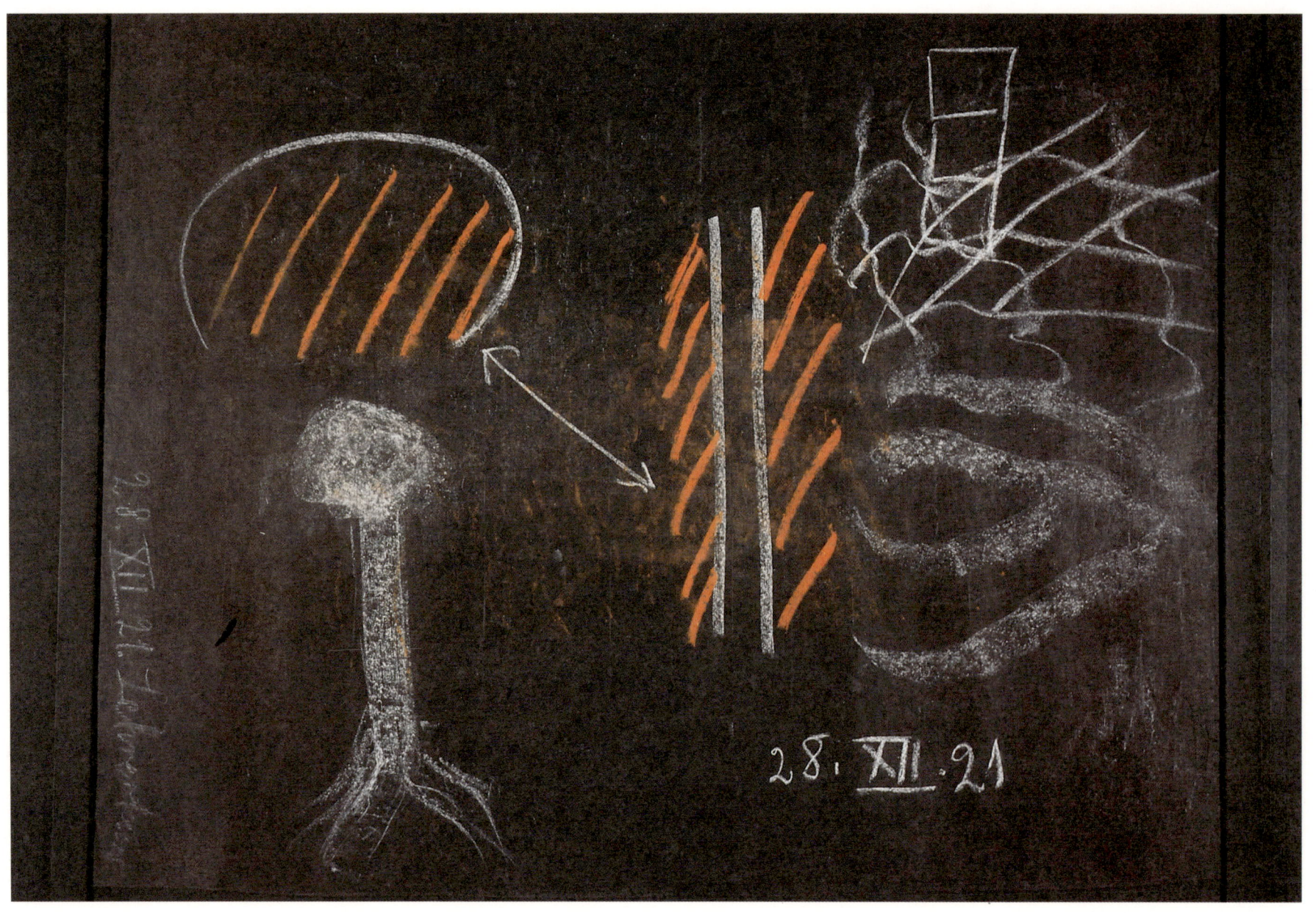

GA 303 TAFEL 3a (Zum Parallelvortrag) DORNACH, 28. DEZEMBER 1921

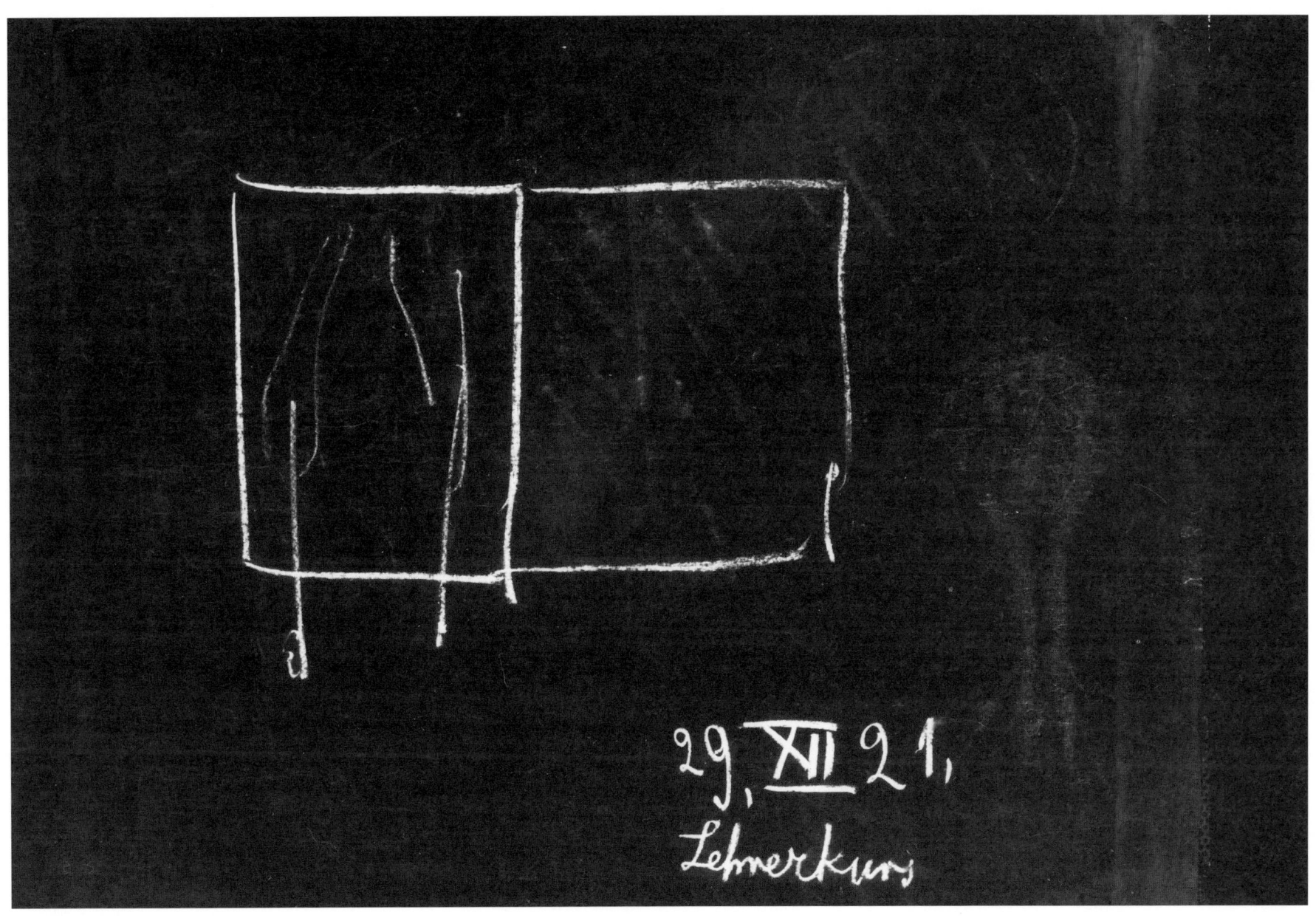

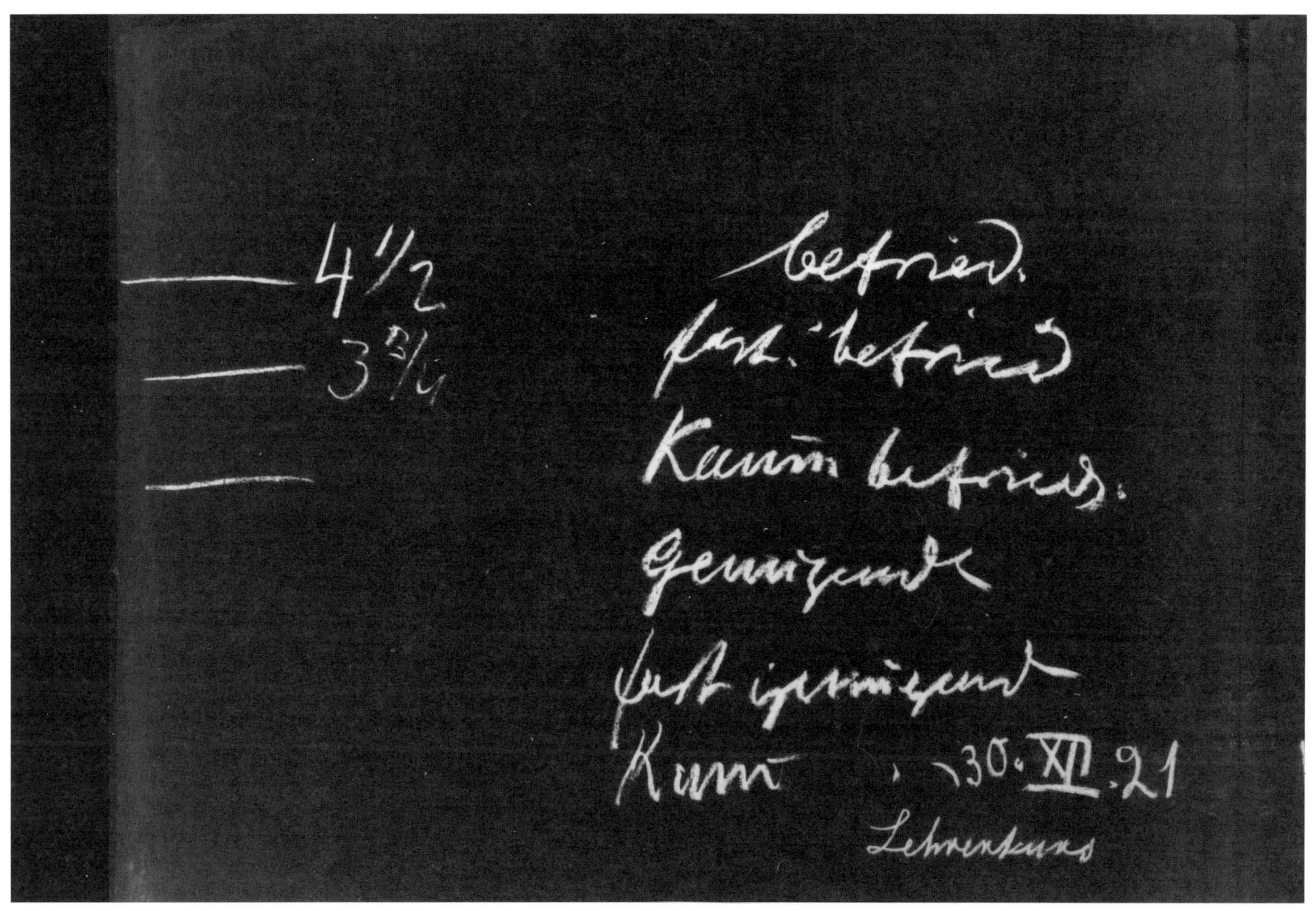

GA 303 TAFEL 6 DORNACH, 31. DEZEMBER 1921

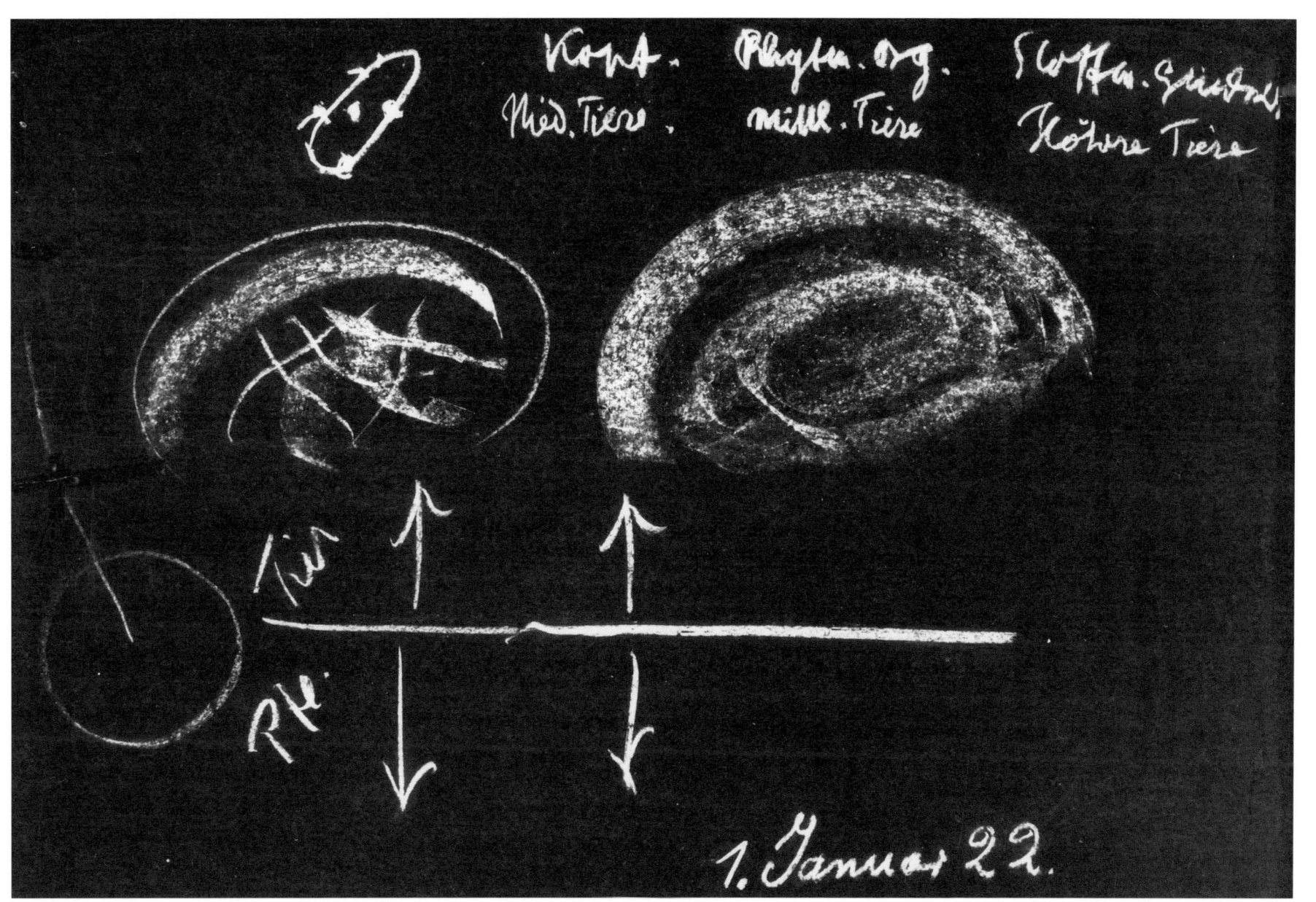

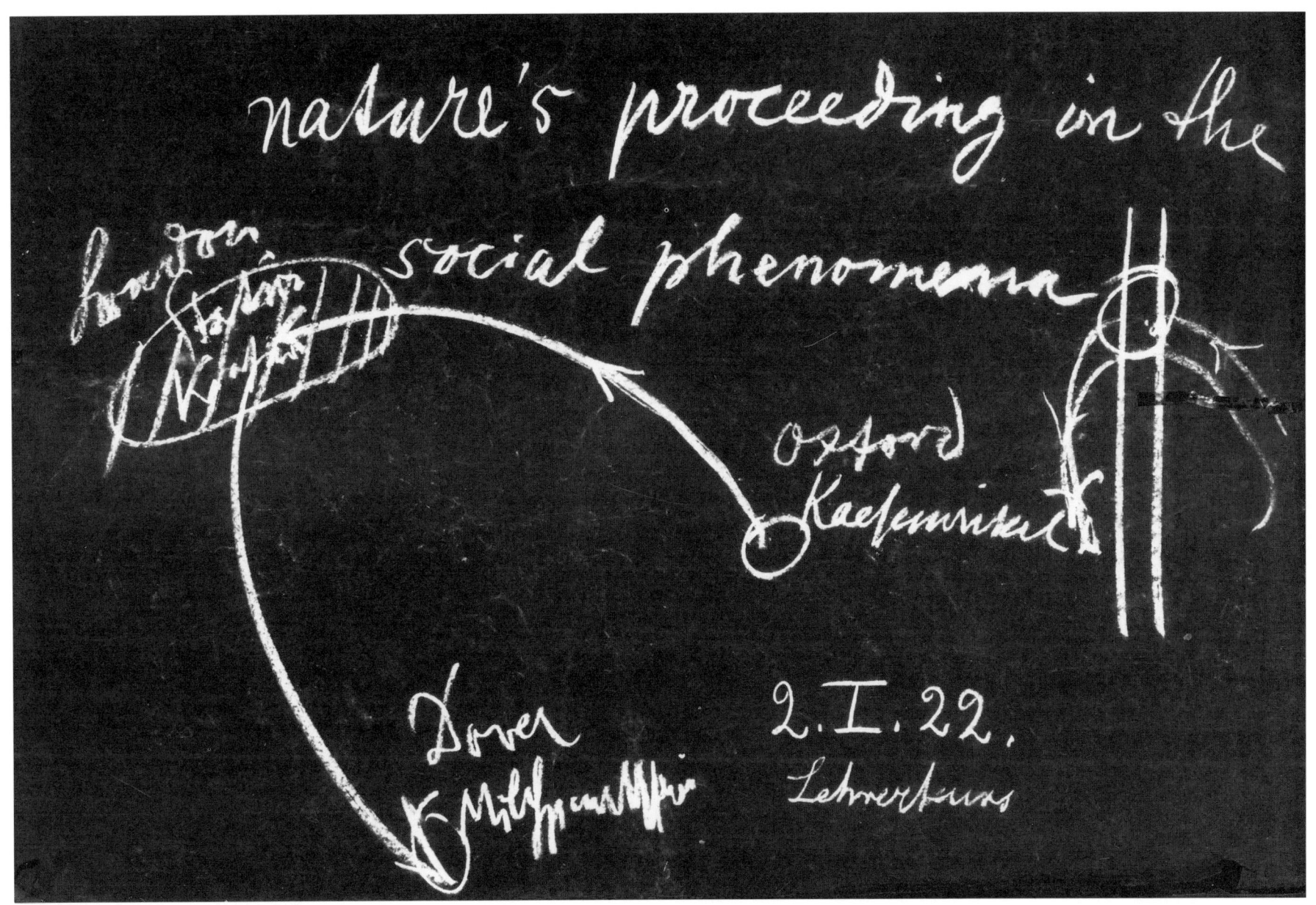

Grau teurer Freund ist alle Theorie

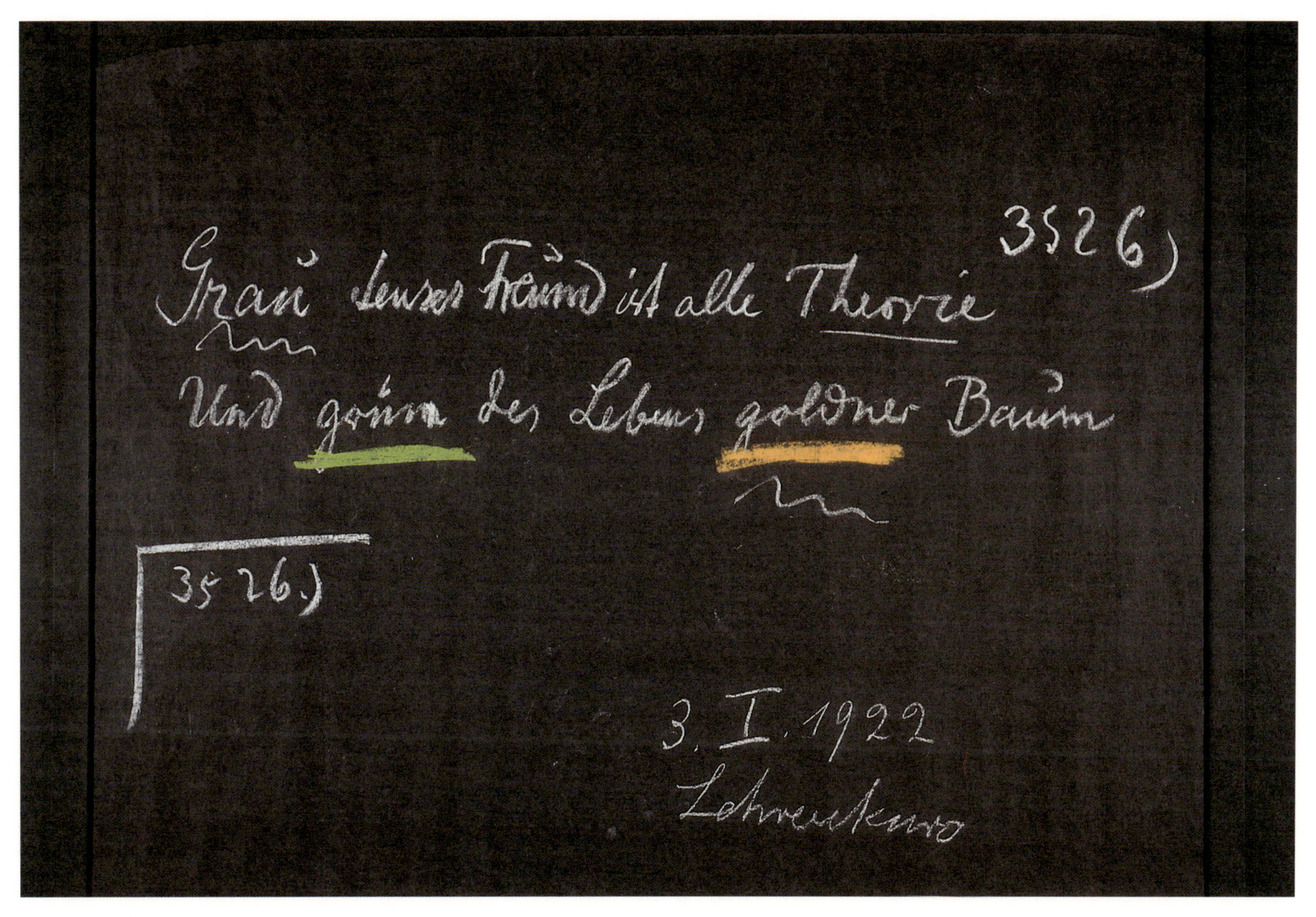

Und grün des Lebens goldner Baum

3526)

3, I, 1922
Lehrerkurs

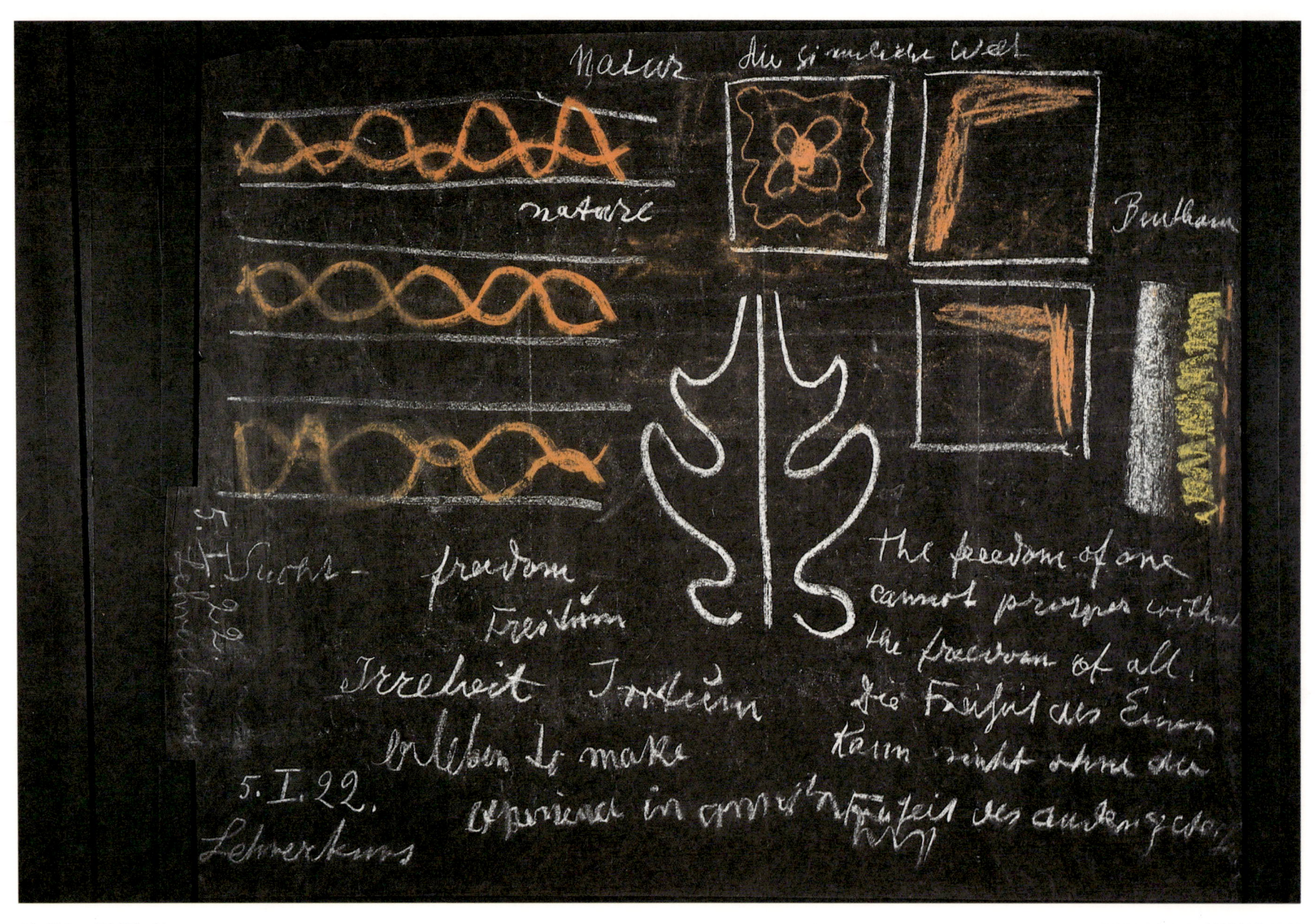

GA 303 TAFEL 10 — DORNACH, 5. JANUAR 1922

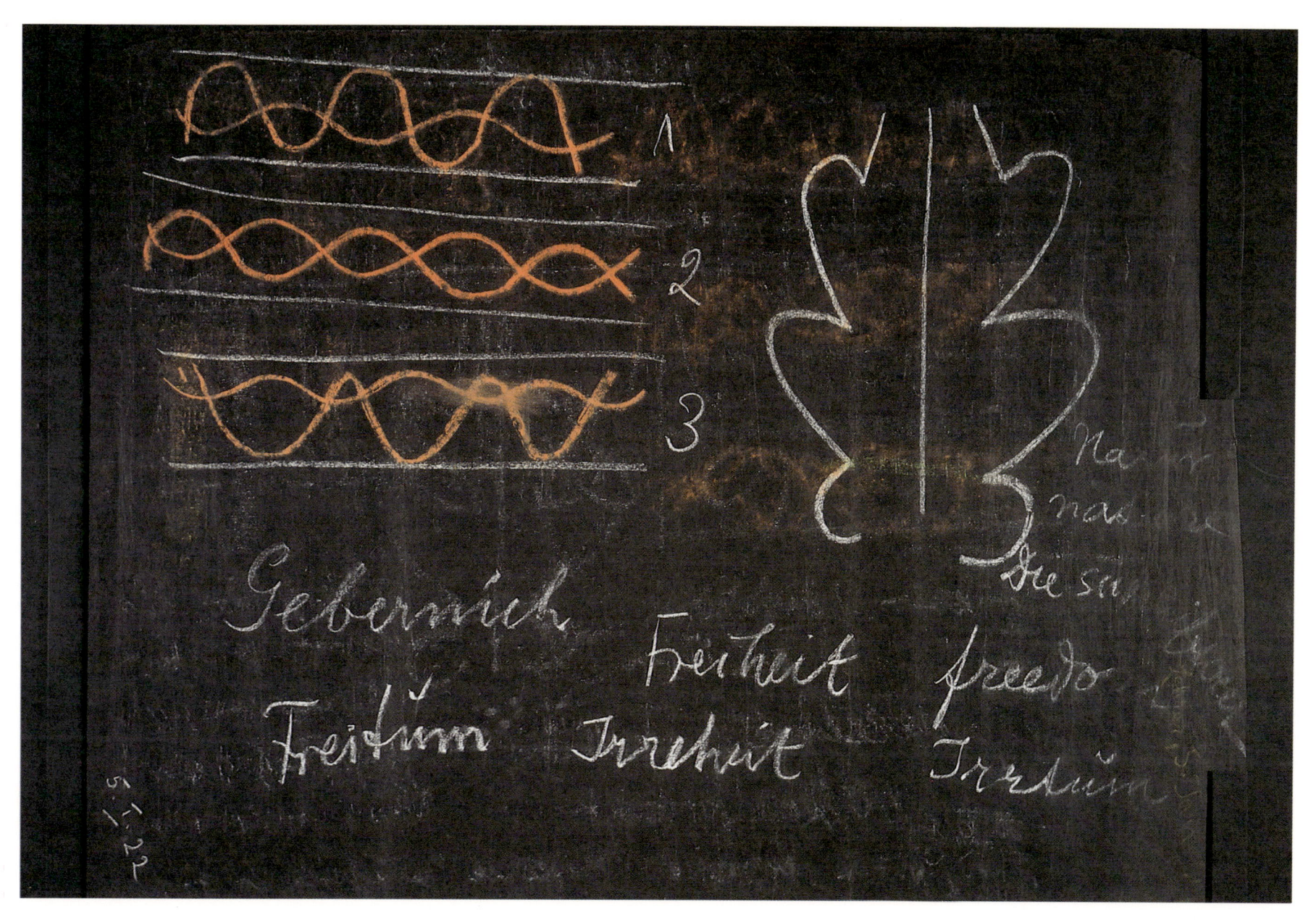

Gebemich

Freiheit   freedo

Freitum   Irrtum   Irrtum

GA 303   TAFEL 10a   (Zum Parallelvortrag)   DORNACH, 5. JANUAR 1922

1.) Dankbarkeit

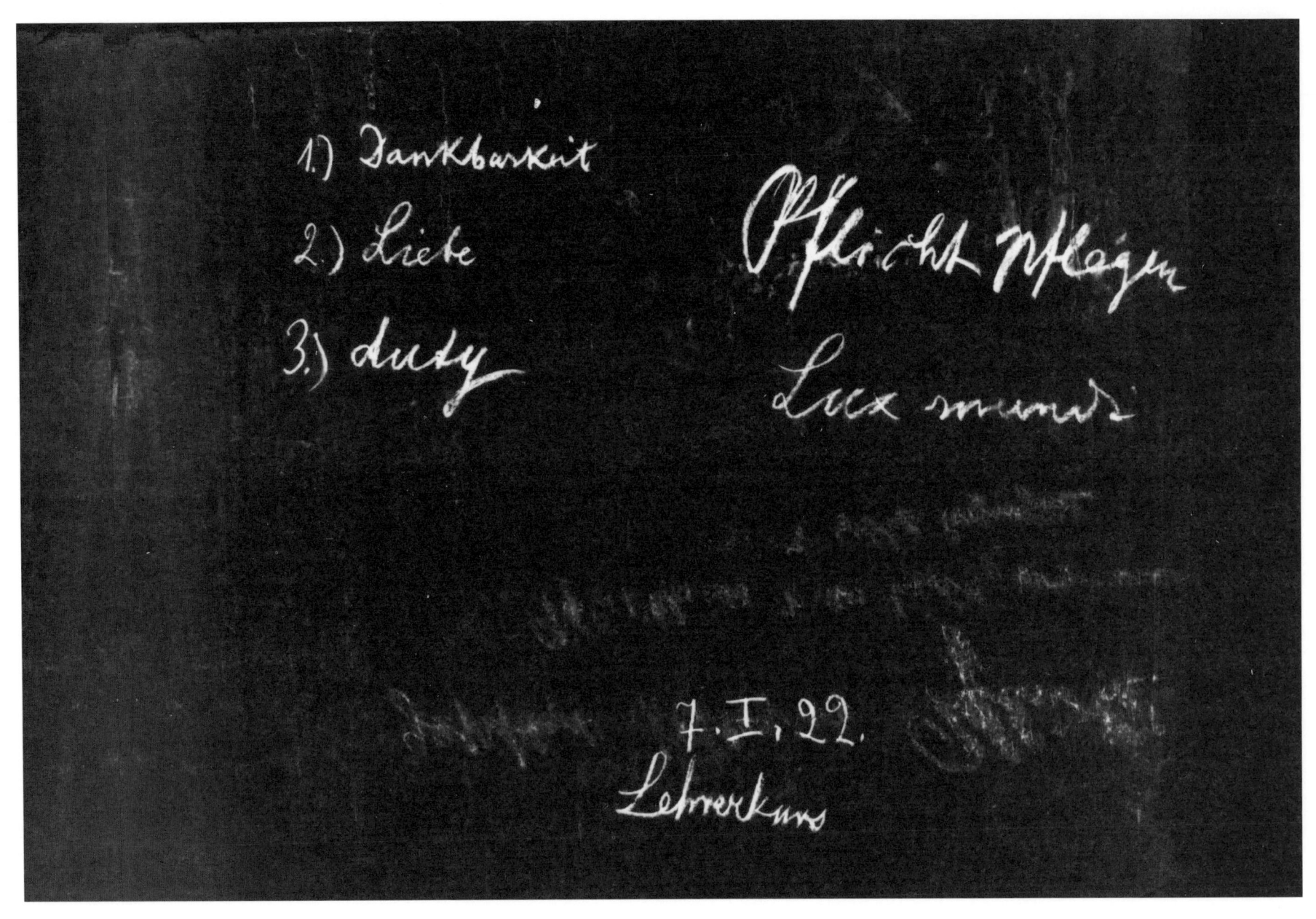

2.) Liebe

3.) duty

Pflicht pflegen

Lux mundi

7. I. 22.

Lehrerkurs

geistgen pflegen Pflicht

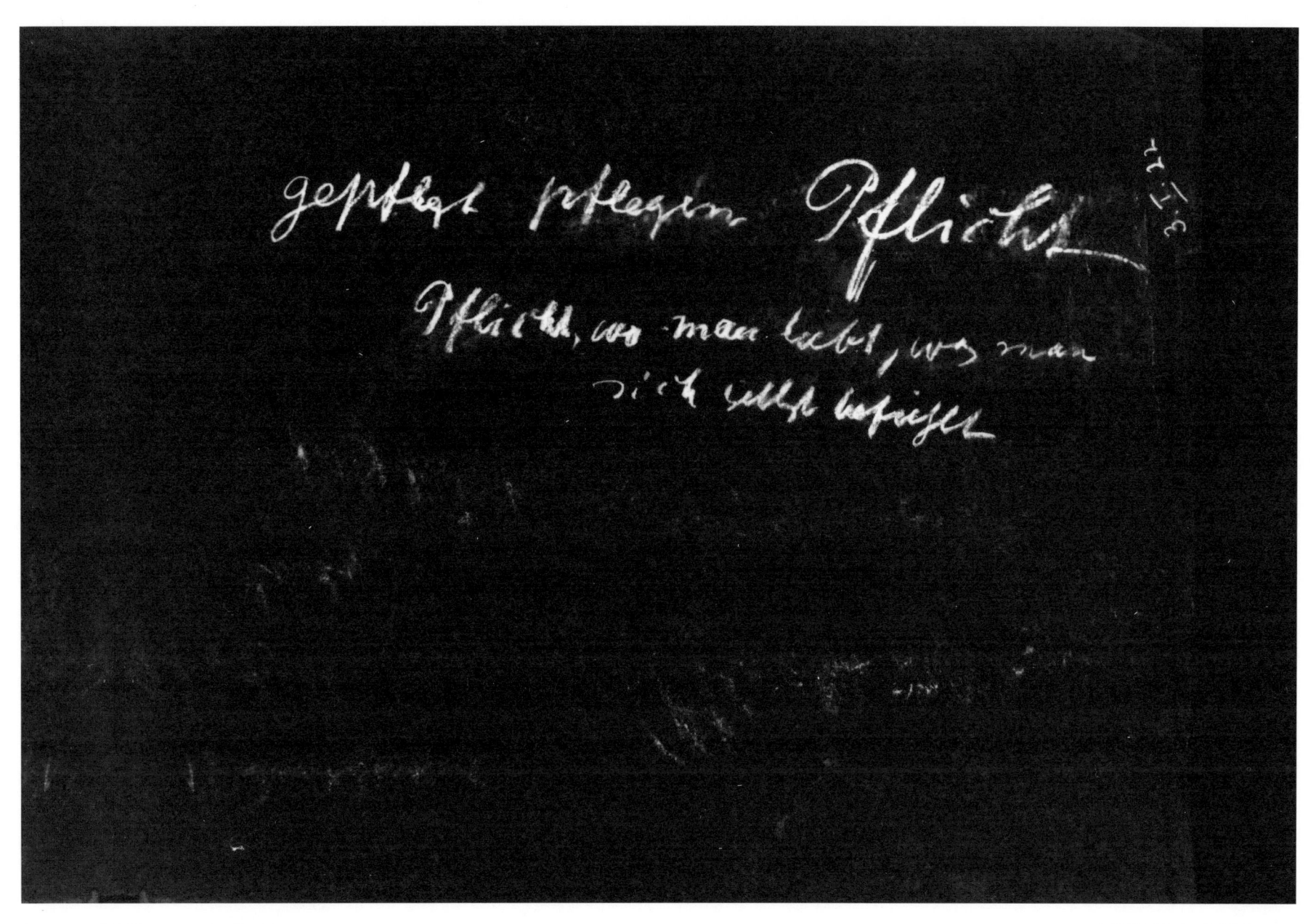

Pflicht, wo man liebt, was man
sich selbst befiehlt

2 Tafeln zu:

Erziehungs- und Unterrichtsmethoden auf anthroposophischer Grundlage

Neun öffentliche Vorträge in verschiedenen Städten, gehalten zwischen dem
23. Februar 1921 und 16. September 1922

Rudolf Steiner Gesamtausgabe Bibliographie-Nr. 304

26. Septemb 1921.

GA 304   TAFELN 1 + 2

DORNACH, 26. SEPTEMBER 1921

11 Tafeln zu:

Die pädagogische Praxis
vom Gesichtspunkte geisteswissenschaftlicher Menschenerkenntnis

Die Erziehung des Kindes
und jüngeren Menschen

Acht Vorträge, gehalten in Dornach vom 15. bis 22. April 1923
Mit drei Fragenbeantwortungen
und einleitenden Worten zu einer Eurythmie-Aufführung

Rudolf Steiner Gesamtausgabe Bibliographie-Nr. 306

1   0:70   Schreiben Zeichnen
0   0:54
    0:20
    8:19

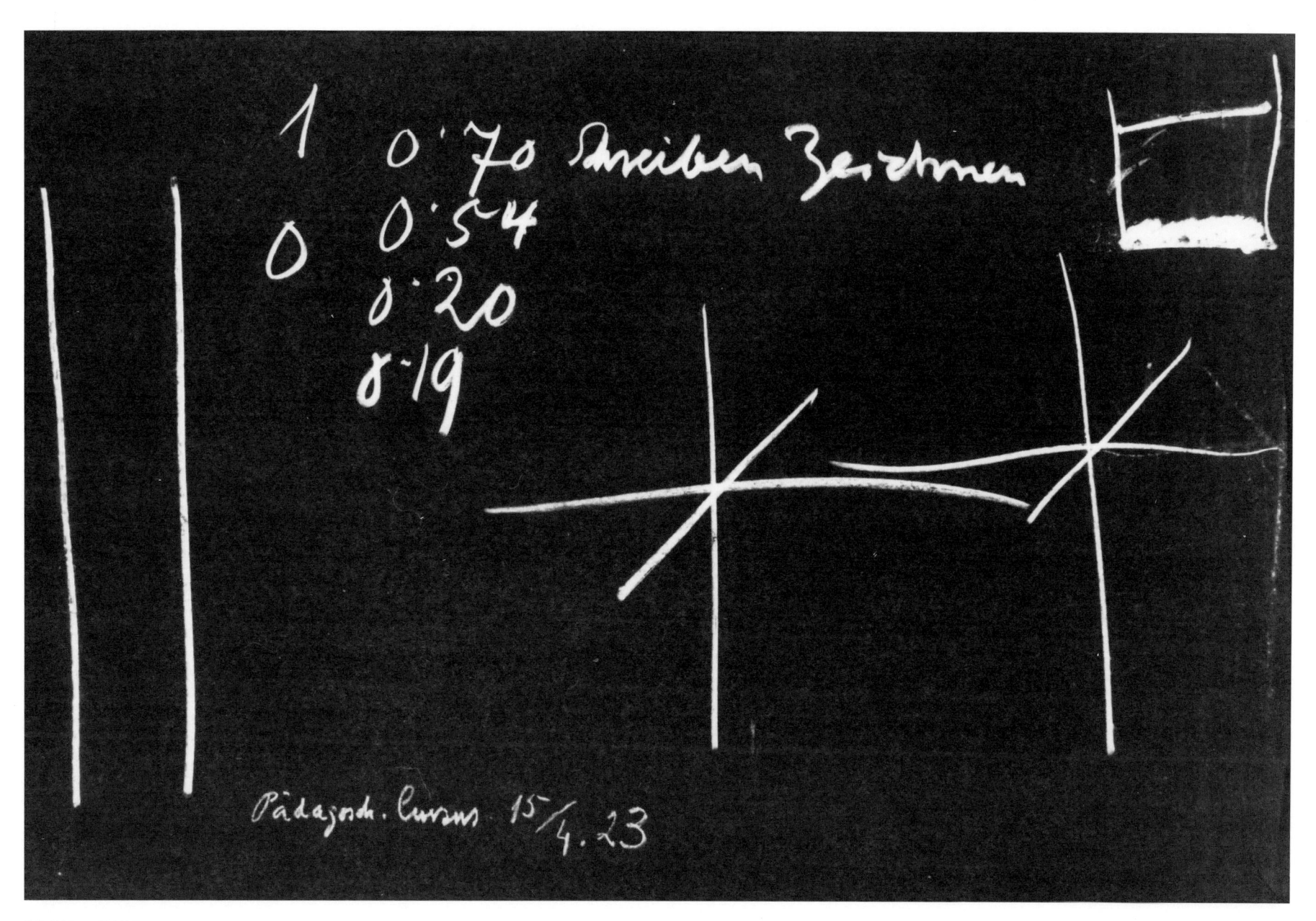

Pädagog. Cursus 15/4.23

Ich bilde mich in Gemäßheit der oberen Brust- und Mundorgane zu meiner Gestalt und lasse in mein Wesen nichts ein, was die Gestalt modifiziert.

Ich passe meine Brust- und Mundorgane den Weltvorgängen an, welche in der Sprache ablaufen und richte darnach die Struktur meiner inneren Organisation.

16. April 1923

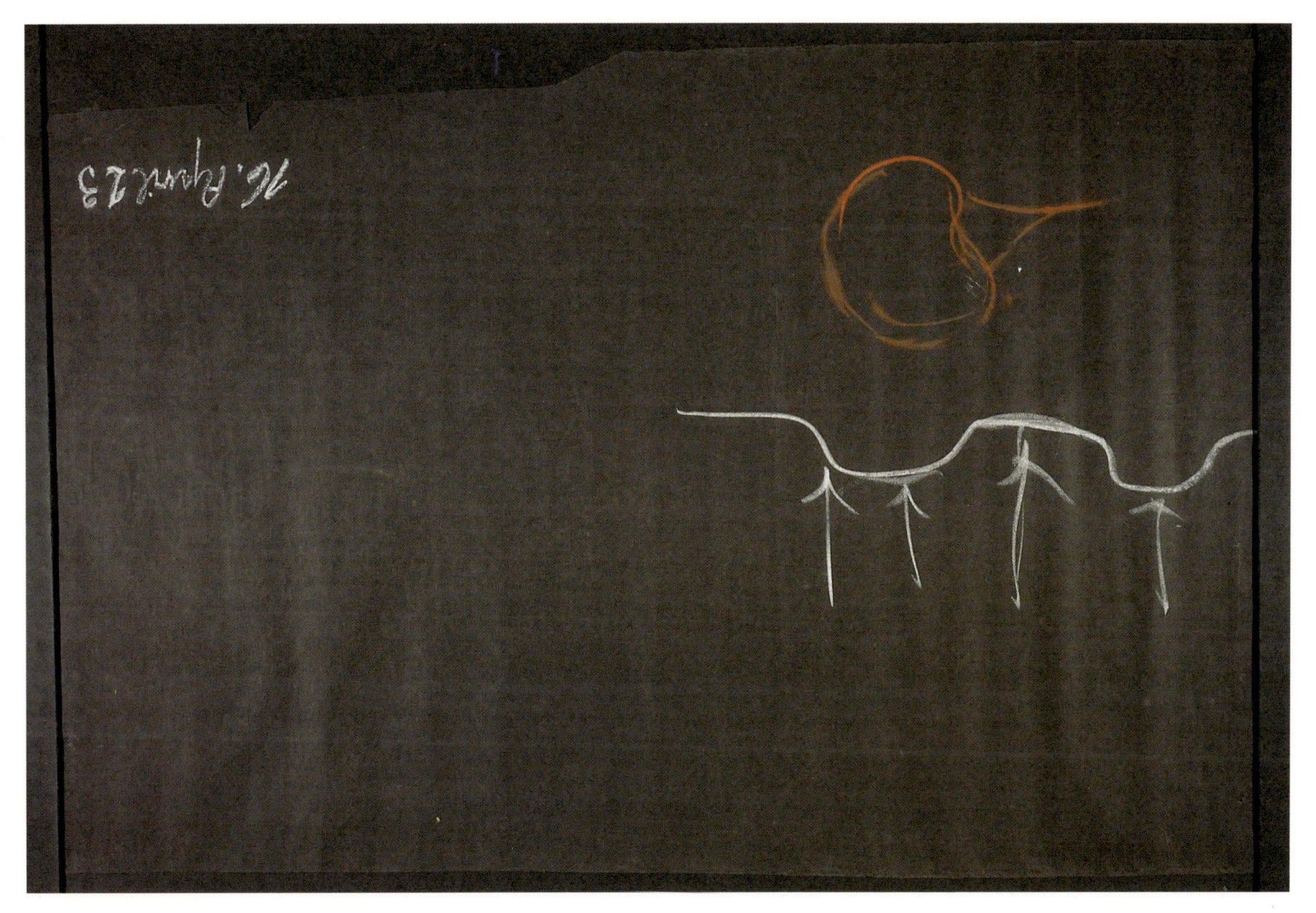

GA 306 TAFEL 3

DORNACH, 16. APRIL 1923

(Die hier wiedergegebene Lage der Tafel entspricht dem Sinnzusammenhang. Die Datierung wurde damals versehentlich falsch plaziert.)

Vater

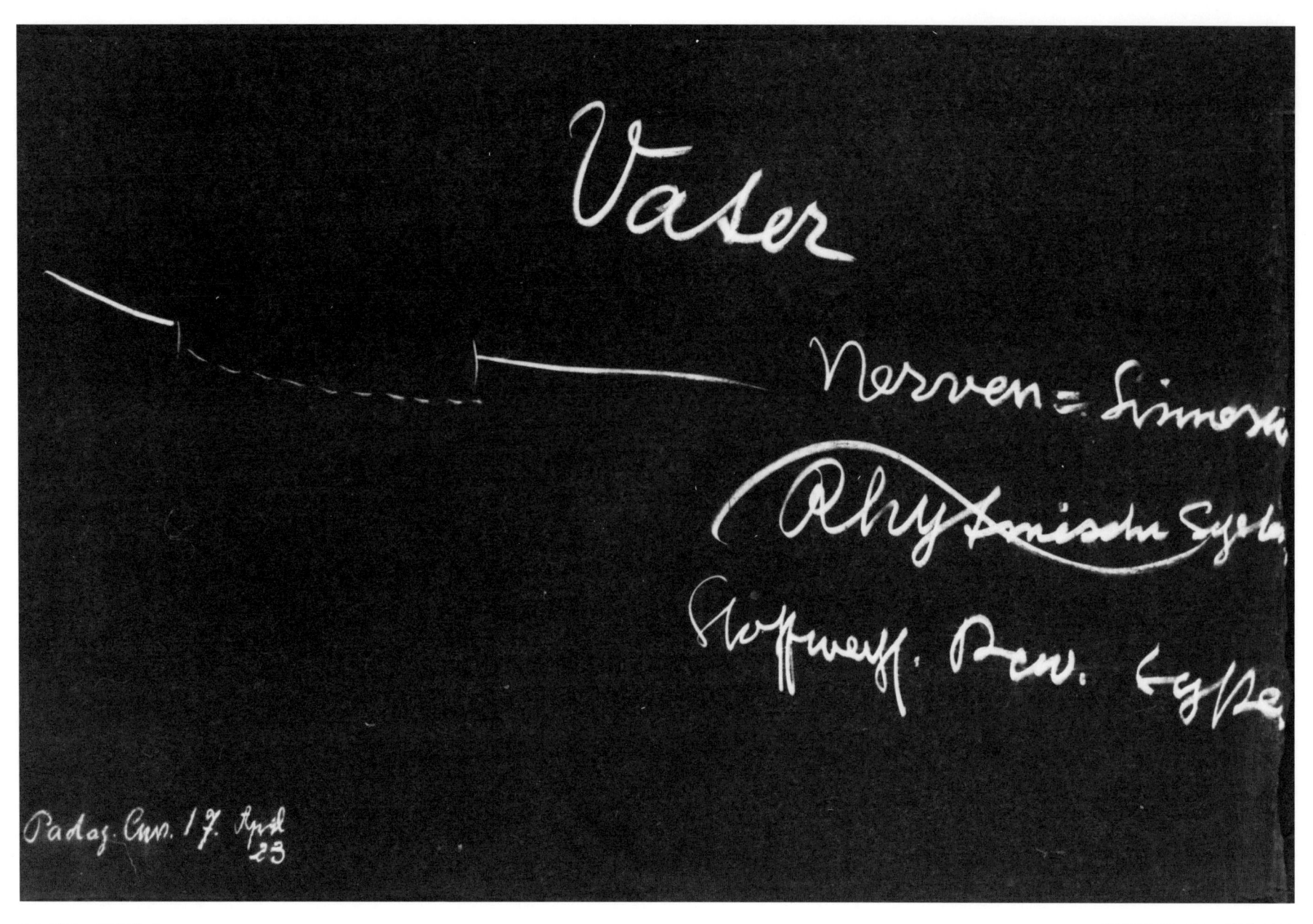

Nerven=Sinnes...
Rhythmische Syst...
Stoffwechs. Bew. Syste...

Pädag. Curs. 17. April 23

GA 306   TAFEL 5   (Eine Überprüfung der an dieser Stelle ursprünglich vorgesehenen Tafel machte eine neue Zuordnung notwendig)

Vater

m em
μ μι

Padag. Kurs. 18. April 1923

Padago. Curs. 18. April 1923

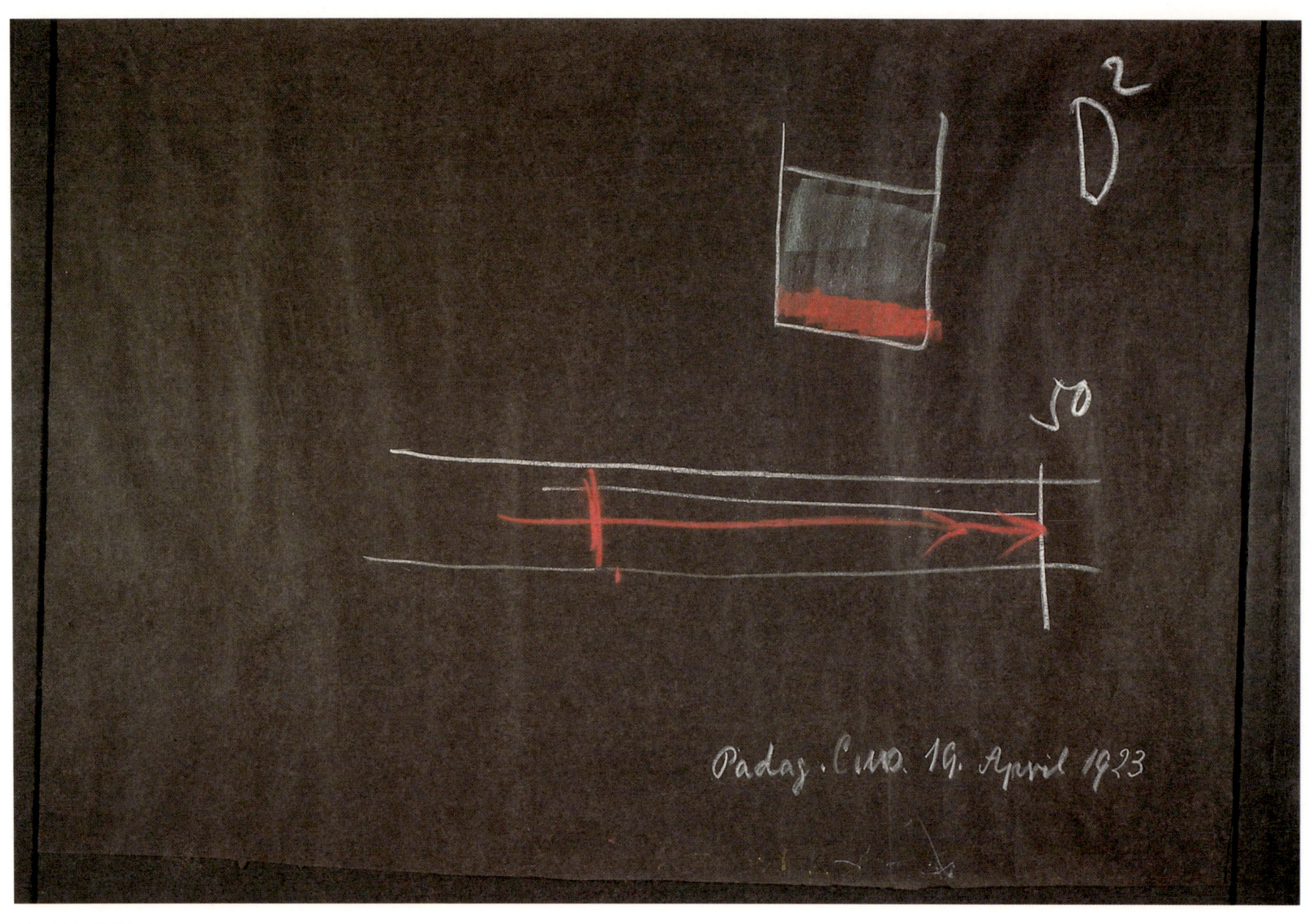

GA 306 TAFEL 8

DORNACH, 19. APRIL 1923

Phys. Leib | Geburt : drückt

× Ätherleib | Zahnwechsel : saugende

Astralleib | : Geschlechtsreife : rückfluthend

Ich | : nach dem 20. Lebensjahre.

Pädag. Kurs. 19. April 1923

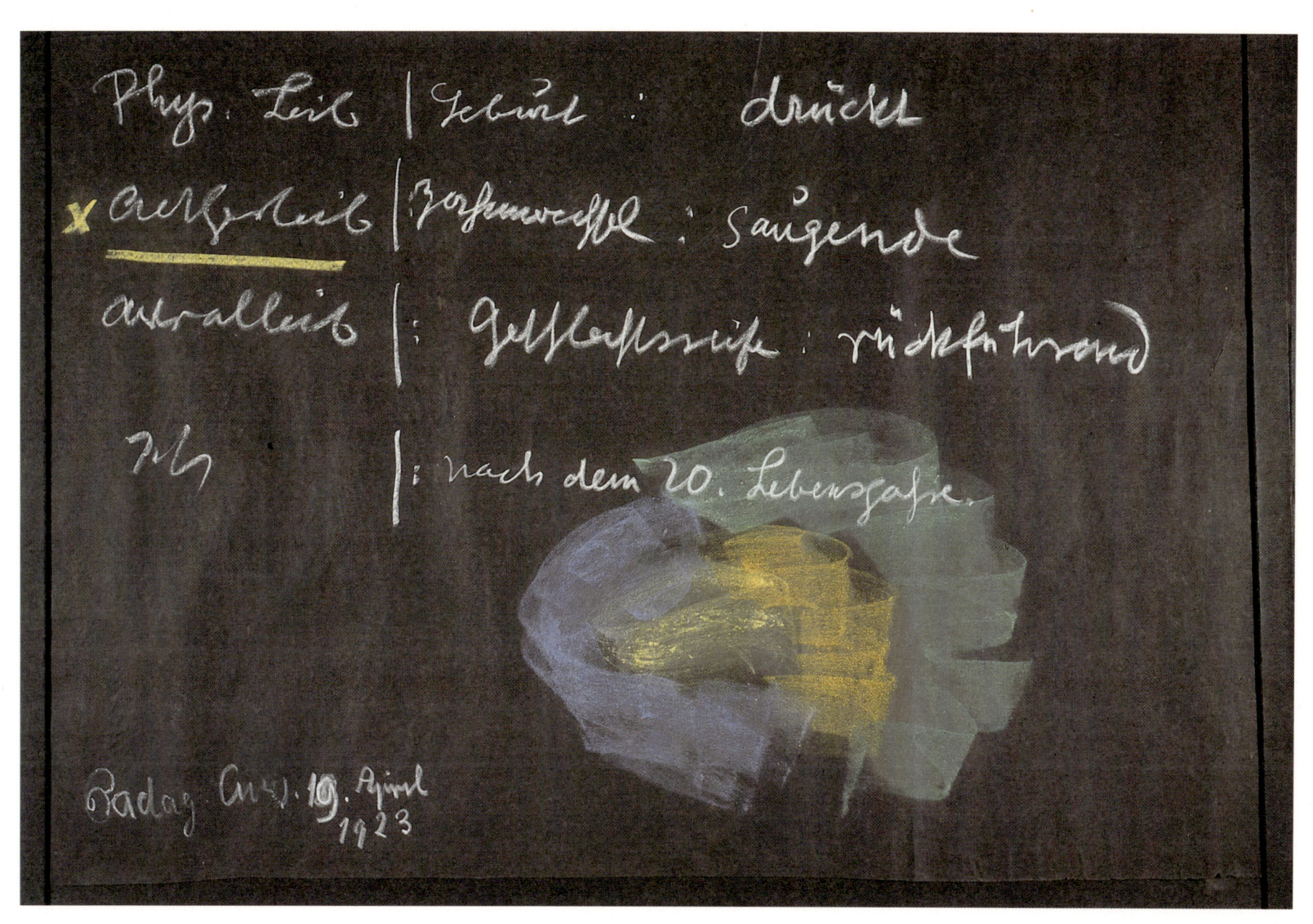

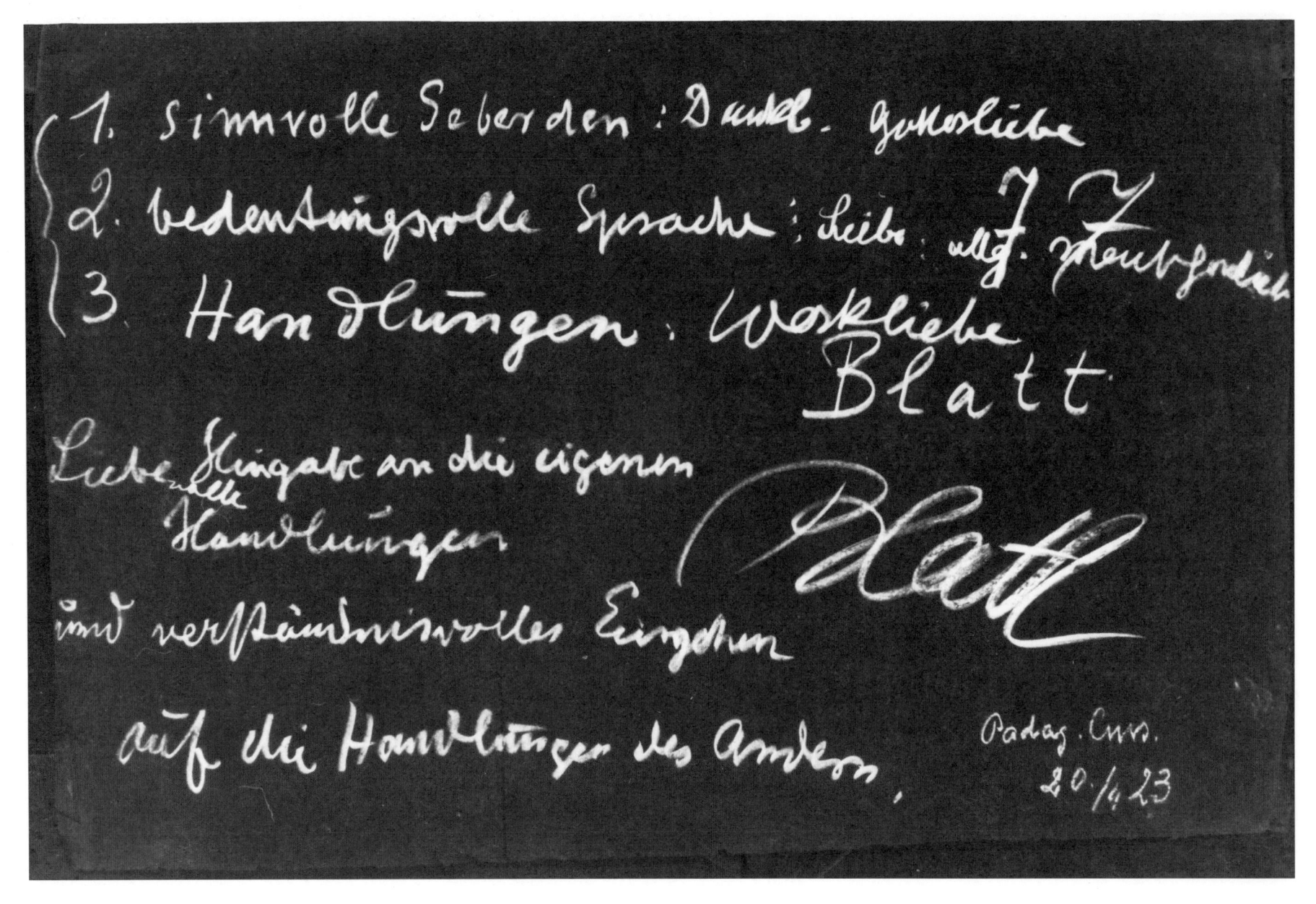

1. sinnvolle Gebärden : Dank. - Gottesliebe
2. bedeutungsvolle Sprache ; Leib : allg. Menschenliebe
3. Handlungen : Werkliebe

Blatt

Liebevolle Hingabe an die eigenen
 Handlungen

Blatt

und verständnisvolles Eingehen

auf die Handlungen des Andern.

Pädag. Curs.
20./4.23

Selbsterziehung

Padag. Curs. 20./4 1923

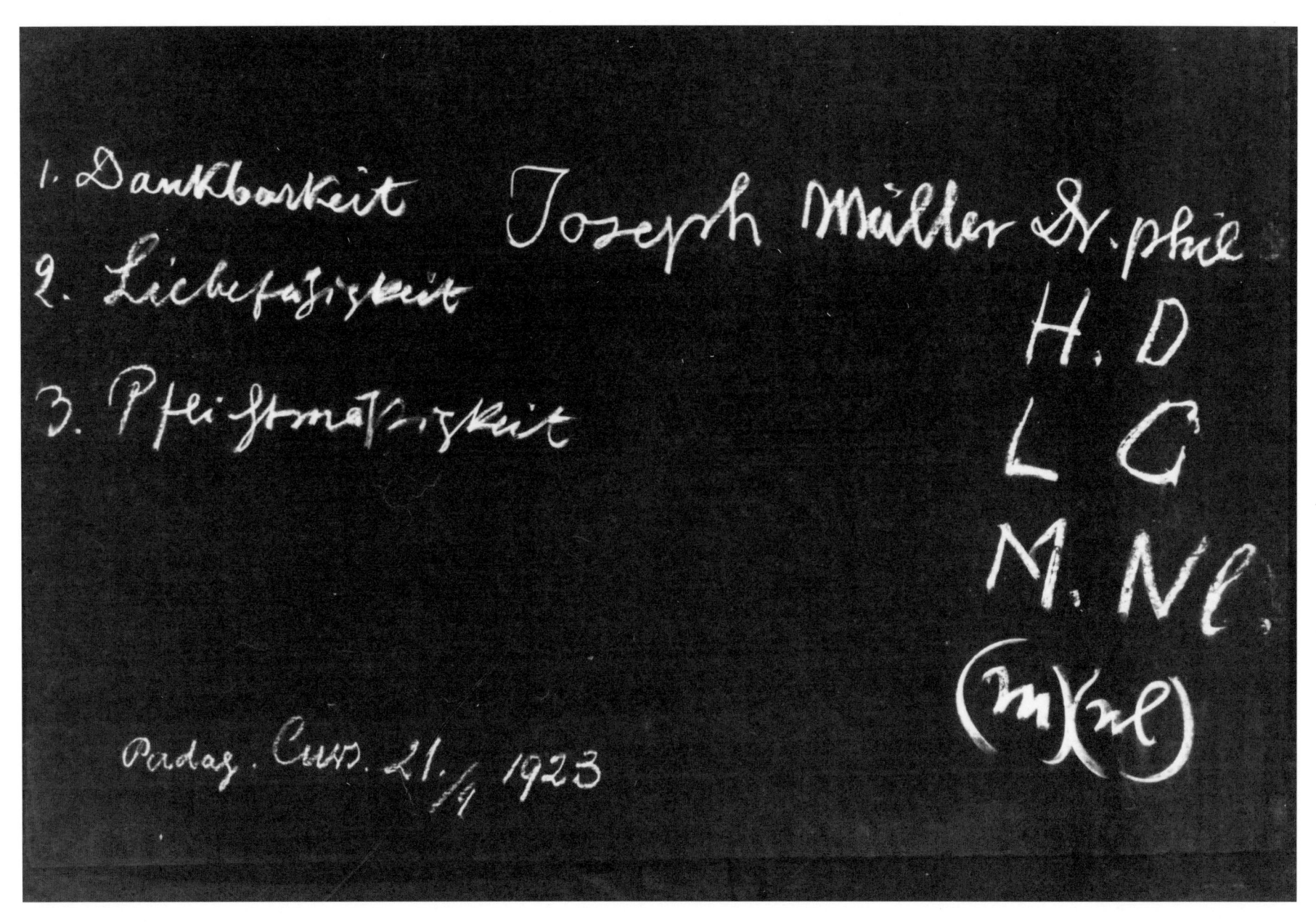

1. Dankbarkeit   Joseph Müller Dr. phil
2. Liebefähigkeit   H. D
3. Pflichtmässigkeit   L C
                                 L
                                 M. N l.
                                 (m)(n l)

Pädag. Curs. 21./4 1923

8 Tafeln zu:

Die Kunst des Erziehens aus dem Erfassen der Menschenwesenheit

Sieben Vorträge, gehalten in Torquay vom 12. bis 19. August 1924
mit einer Fragenbeantwortung vom 20. August 1924

Rudolf Steiner Gesamtausgabe Bibliographie-Nr. 311

GA 311 TAFEL 1

TORQUAY, 13. AUGUST 1924

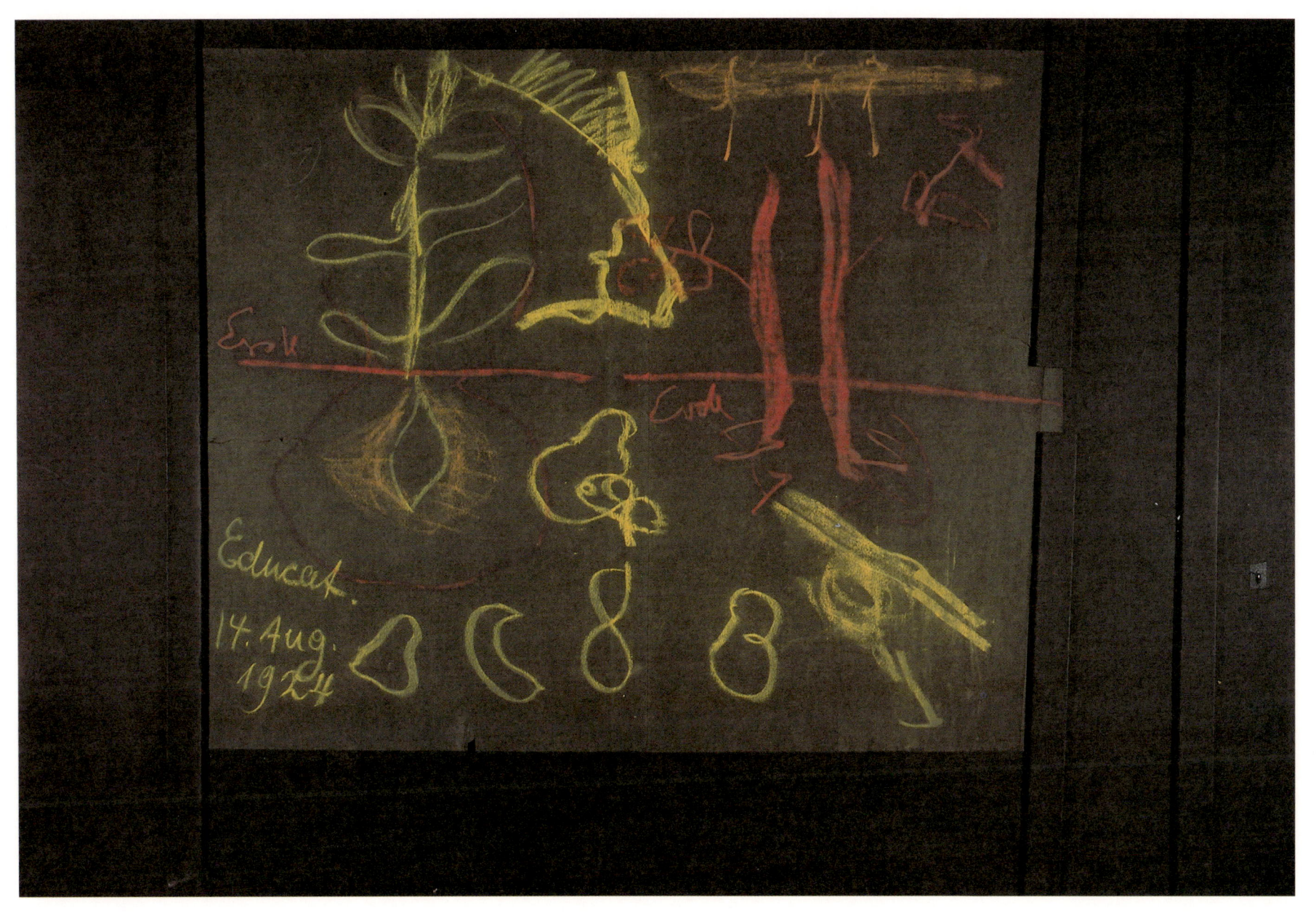

GA 311   TAFEL 2   TORQUAY, 14. AUGUST 1924

TORQUAY, 15. AUGUST 1924

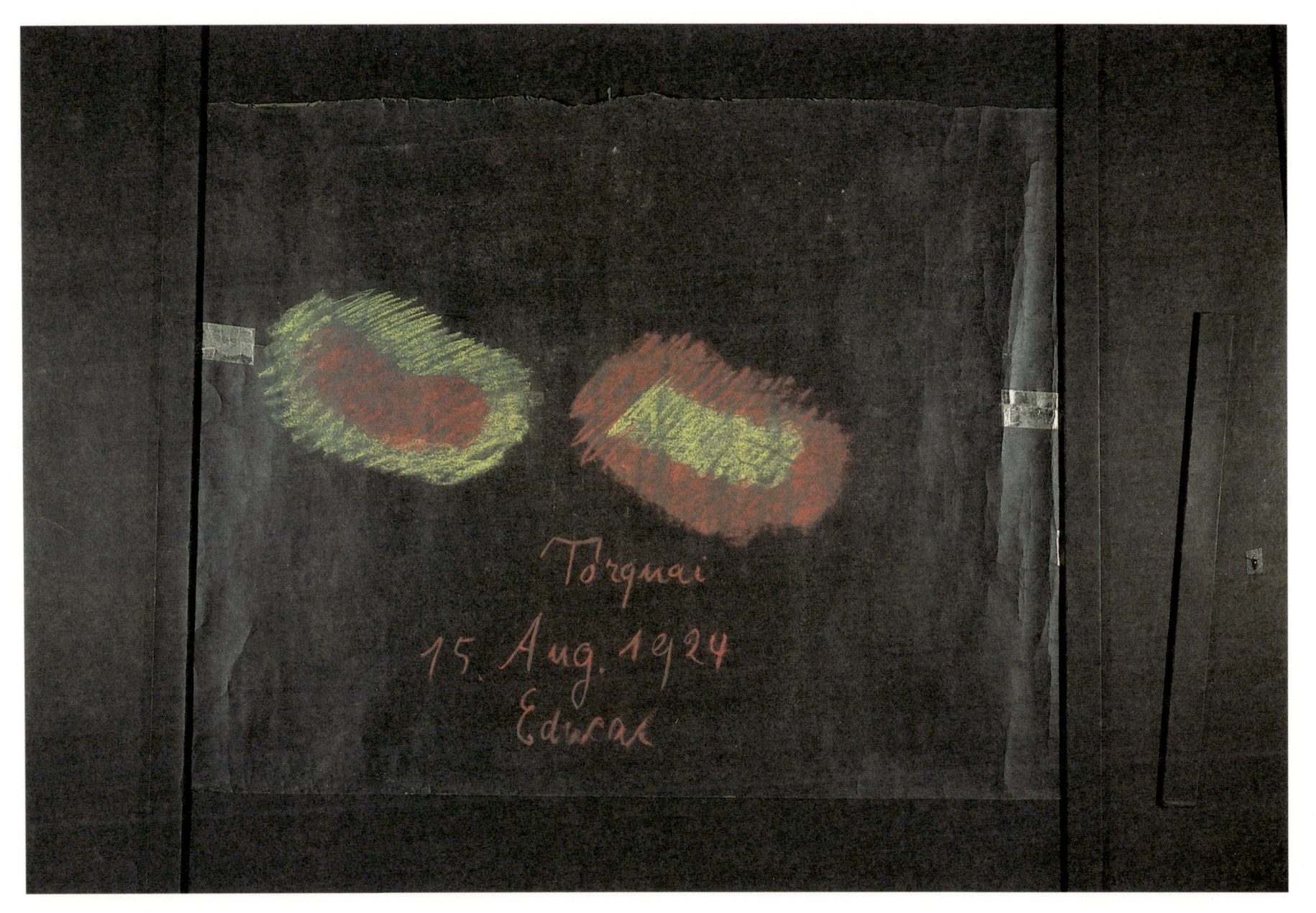

GA 311 TAFEL 4

TORQUAY, 15. AUGUST 1924

GA 311   TAFEL 5

TORQUAY, 16. AUGUST 1924

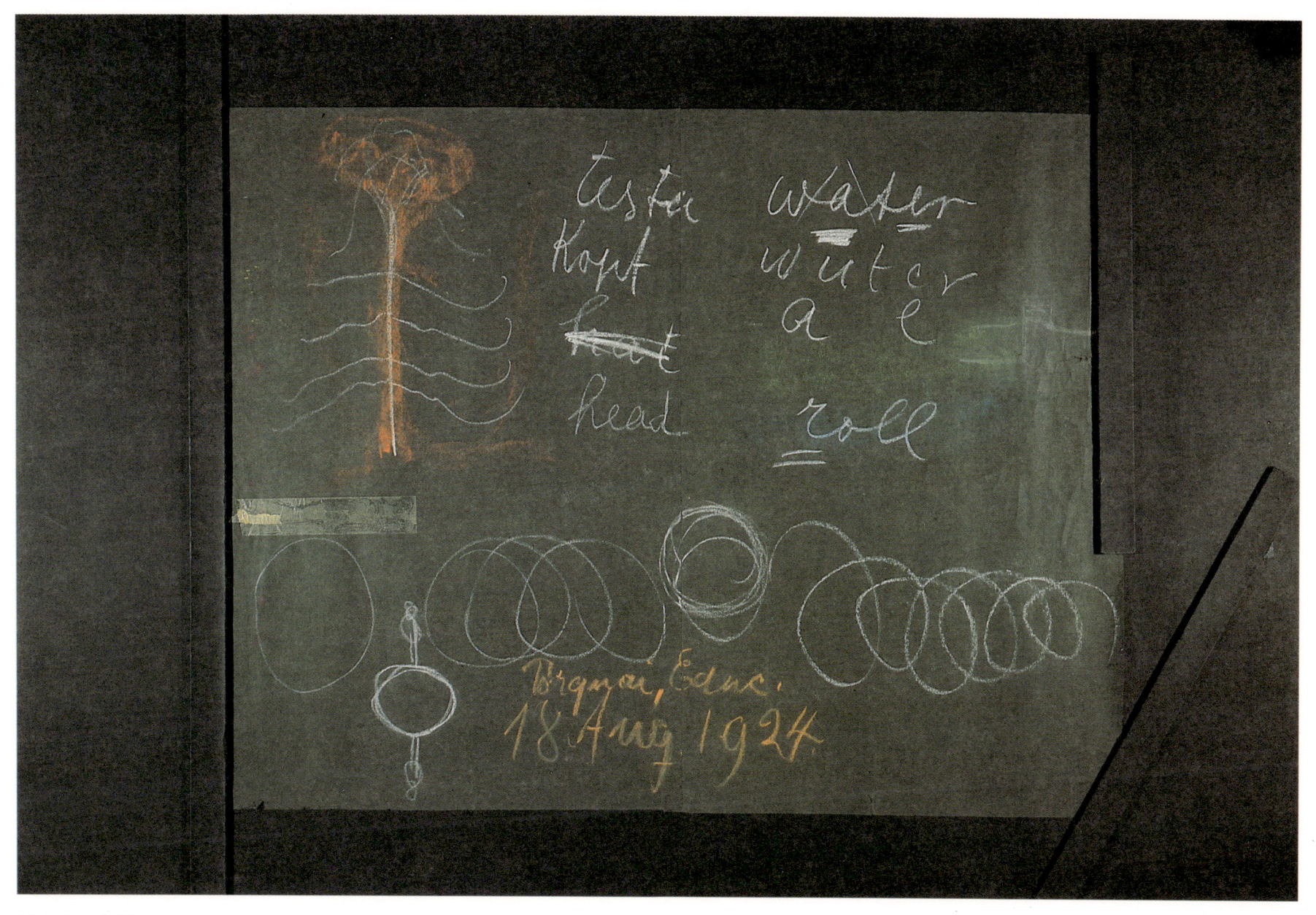

GA 311　TAFEL 6　　　　　　　　　　　　　　　　　　　　　　　　TORQUAY, 18. AUGUST 1924

1 – 10   Zwei Esel

20 = 2 . Zehn

10 × 10

20. VIII 24

GA 311   TAFEL 7

TORQUAY, 20. AUGUST 1924

GA 311 TAFEL 8

TORQUAY, 20. AUGUST 1924

2 Tafeln zu:

Vorträge über Pädagogik

gehalten in Dornach am 16. (17.) und 17. September 1922

Von beiden Vorträgen liegen keine Vortragsnachschriften vor. Ob es sich bei der ersten Tafel um Zeichnungen zu dem im Anschluß an den sog. Französischen Kurs gehaltenen «Vortrag über Pädagogik» handelt, läßt sich – siehe die Korrektur des Datums auf der Tafel – nicht mehr feststellen. Das Autoreferat Rudolf Steiners zu diesem Vortrag ist enthalten in dem Band «Der Goetheanumgedanke inmitten der Kulturkrisis der Gegenwart. Gesammelte Aufsätze 1921–1925», GA 36.

TAFEL 1

DORNACH, 16. (?) SEPTEMBER 1922

TAFEL 2

DORNACH, 17. SEPTEMBER 1922

Rudolf Steiner: Wandtafelzeichnungen zum Vortragswerk
Übersicht über die geplanten Ausgaben

Öffentliche Vorträge
Band I — 20 Tafeln
- 73a (Öffentliche Vorträge 1920) (2)
- 74 Die Philosophie des Thomas v. Aquino (5)
- 76 Die befruchtende Wirkung der Anthroposophie... (3)
- 84 Was wollte das Goetheanum... (10)

Best.-Nr. / ISBN 3-7274-4101-1

Vorträge vor Mitgliedern der Anthroposophischen Gesellschaft
Band II — 40 Tafeln
- 158 Der Zusammenhang des Menschen... (2)
- 191 Soziales Verständnis aus geisteswissenschaftl. Erkenntnis (17)
- 194 Die Sendung Michaels (21)

Best.-Nr. / ISBN 3-7274-4102-X

Band III — 34 Tafeln
- 196 Geistige und soziale Wandlungen... (18)
- 198 Heilfaktoren für den sozialen Organismus (16)

Best.-Nr. / ISBN 3-7274-4103-8

Band IV — 33 Tafeln
- 199 Geisteswissenschaft als Erkenntnis... (26)
- 200 Die neue Geistigkeit... (7)

Best.-Nr. / ISBN 3-7274-4104-6

Band V — 31 Tafeln
- 201 Entsprechungen zwischen Mikrokosmos und Makrokosmos (31)

Best.-Nr. / ISBN 3-7274-4105-4

Band VI — 46 Tafeln
- 202 Die Brücke zwischen der Weltgeistigkeit... (23)
- 203 Die Verantwortung des Menschen... (9)
- 204 Perspektiven der Menschheitsentw.... (14)

Best.-Nr. / ISBN 3-7274-4106-2

Band VII — 38 Tafeln
- 205 Menschenwerden, Weltenseele... I (22)
- 206 Menschenwerden, Weltenseele... II (16)

Best.-Nr. / ISBN 3-7274-4107-0

Band VIII — 42 Tafeln
- 207 Anthroposophie als Kosmosophie I (20)
- 208 Anthroposophie als Kosmosophie II (19)
- 209 Nordische u. mitteleurop. Geistimpulse (3)

Best.-Nr. / ISBN 3-7274-4108-9

Band IX — 40 Tafeln
- 210 Alte und neue Einweihungsmethoden (15)
- 211 Das Sonnenmysterium... (11)
- 212 Menschliches Seelenleben und Geistesstreben... (14)

Best.-Nr. / ISBN 3-7274-4109-7

Band X — 35 (38) Tafeln
- 213 Menschenfragen und Weltenantworten (24)
- 214 Das Geheimnis der Trinität (11)
- 215 Philosophie, Kosmologie und Religion (3)

Best.-Nr. / ISBN 3-7274-4110-0

Band XI — 42 Tafeln
- 216 Die Grundimpulse des weltgeschichtlichen Werdens... (11)
- 218 Geistige Zusammenhänge in der Gestaltung des menschl. Organismus (5)
- 219 Das Verhältnis der Sternenwelt... (13)
- 220 Lebendiges Naturerkennen... (13)

Best.-Nr. / ISBN 3-7274-4111-9

Band XII — 37 Tafeln
- 221 Erdenwissen und Himmelserkenntnis (4)
- 222 Die Impulsierung des weltgeschichtl. Geschehens... (10)
- 223 Der Jahreskreislauf... (9)
- 224 Die menschliche Seele... (2)
- 225 Drei Perspektiven der Anthr. Kulturphänomene (12)

Best.-Nr. / ISBN 3-7274-4112-7

Band XIII — 38 Tafeln
- 227 Initiations-Erkenntnis (3)
- 228 Initiationswissenschaft u. Sternenerk. (7)
- 229 Das Miterleben des Jahreslaufes... (8)
- 230 Der Mensch als Zusammenklang... (20)

Best.-Nr. / ISBN 3-7274-4113-5

Band XIV — 36 Tafeln
- 232 Mysteriengestaltungen (24)
- 233 Die Weltgeschichte... (12)

Best.-Nr. / ISBN 3-7274-4114-3

Band XV — 37 Tafeln
- 233a Mysterienstätten des Mittelalters (13)
- 234 Anthroposophie. Eine Zusammenfassung... (12)
- 243 Das Initiaten-Bewußtsein (12)

Best.-Nr. / ISBN 3-7274-4115-1

Band XVI — 56 Tafeln
- 235 Esoterische Betrachtungen... I (17)
- 236 Esoterische Betrachtungen... II (23)
- 237 Esoterische Betrachtungen... III (10)
- 238 Esoterische Betrachtungen... IV (1)
- 240 Esoterische Betrachtungen... V (5)

Best.-Nr. / ISBN 3-7274-4116-X

Zur Geschichte der Anthroposophischen Bewegung und Gesellschaft
Band XVII — 21 Tafeln
- 257 Anthroposophische Gemeinschaftsbildung (2)
- 258 Die Geschichte und die Bedingungen... (6)
- 260 Die Weihnachtstagung... (11)
- 260a Die Konstitution... (2)

Best.-Nr. / ISBN 3-7274-4117-8

Vorträge über Kunst
Band XVIII — 21 Tafeln
- 271 Kunst und Kunsterkenntnis (2)
- 276 Das Künstlerische in seiner Weltmission (4)
- 283 Das Wesen des Musikalischen... (2)
- 288 (Stilformen des Organisch-Lebendigen) (2)
- 289 (Der Baugedanke des Goetheanum) (4)
- 291 Das Wesen der Farben (7)

Best.-Nr. / ISBN 3-7274-4118-6

Vorträge über Eurythmie
Band XIX — 38 Tafeln
- 278 Eurythmie als sichtbarer Gesang (10)
- 279 Eurythmie als sichtbare Sprache... (27)
- 315 Heileurythmie (1) + (4)

Best.-Nr. / ISBN 3-7274-4119-4

Vorträge über Sprachgestaltung
Band XX — 28 Tafeln
- 281 Die Kunst der Rezitation und Deklamation (2)
- 282 Sprachgestaltung und Dramat. Kunst (26)

Best.-Nr. / ISBN 3-7274-4120-8

Vorträge über Erziehung
Band XXI — 42 Tafeln
- 296 Die Erziehungsfrage als soziale Frage... (5)
- 303 Die gesunde Entwickelung des Menschenwesens (14)
- 304 Erziehungs- und Unterrichtsmethoden (2)
- 306 Die pädagogische Praxis... (11)
- 311 Die Kunst des Erziehens... (8)
- (Ohne Zuordnung) (2)

Best.-Nr. / ISBN 3-7274-4121-6

Vorträge über Medizin
Band XXII — 46 Tafeln
- 312 Geisteswissenschaft und Medizin (25)
- 313 Geisteswiss. Gesichtspunkte zur Therapie (10)
- 314 Physiologisch-Therapeutisches... (10)
- 315 Heileurythmie (1) + (4)

Best.-Nr. / ISBN 3-7274-4122-4

Band XXIII — 49 Tafeln
- 316 Meditative Betrachtungen und Anleitungen... (20)
- 317 Heilpädagogischer Kurs (15)
- 318 Das Zusammenwirken von Ärzten... (14)

Best.-Nr. / ISBN 3-7274-4123-2

Vorträge über Naturwissenschaft und über die soziale Frage
Band XXIV — 40 Tafeln
- 322 Grenzen der Naturerkenntnis (3)
- 326 Der Entstehungsmoment... (12)
- 327 Geisteswiss. Grundlagen zum Gedeihen der Landwirtschaft (8)
- 339 Anthroposophie, soziale Dreigliederung... (4)
- 340 Nationalökonomischer Kurs (13)

Best.-Nr. / ISBN 3-7274-4124-0

Vorträge für die Arbeiter am Goetheanumbau
Band XXV — 33 Tafeln
- 347 Die Erkenntnis des Menschenwesens... (9)
- 348 Über Gesundheit und Krankheit... (24)

Best.-Nr. / ISBN 3-7274-4125-9

Band XXVI — 51 Tafeln
- 349 Vom Leben des Menschen und der Erde.... (25)
- 350 Rhythmen im Kosmos... (26)

Best.-Nr. / ISBN 3-7274-4126-7

Band XXVII — 35 Tafeln
- 351 Mensch und Welt... / Über die Bienen (23)
- 352 Natur und Mensch... (12)

Best.-Nr. / ISBN 3-7274-4127-5

Band XXVIII — 42 Tafeln
- 353 Die Geschichte der Menschheit... (23)
- 354 Die Schöpfung der Welt... (19)

Best.-Nr. / ISBN 3-7274-4128-3